生命勝任力

東方心教練向內修練、
向外實現 10 大基本功

東方心教練創始人
阮橞習 Eva——著

〈推薦序〉
對生命發展大有助益的一本書

金惟純

　　我認識 Eva 老師是因為接觸到西方的教練技術，聽說有一位老師創辦了東方心教練，融合教練技術和陽明心學，發展出一套結合修練與教練的道法。我非常有興趣，通過朋友認識了 Eva 老師，體會了她示範的東方心教練的教學法，非常佩服，覺得她用「問心」的方式教學，對學生有非常大的幫助。

　　我所認識的 Eva 老師，不只是教導生命勝任力，她自己就是一個完全做到、用心把自己活好的人，在現實生活中這樣的人很稀有。好老師透過言行做到讓人服氣，乃能受用，這是所謂的言傳身教、用生命影響生命。

　　Eva 老師多年來實踐並見證生命勝任力，本書是她的現身說法，必對有緣人的生命發展有大助益，大家千萬不要錯過！

（本文作者為《商業周刊》創辦人、
兩岸三地華人圈傳媒鉅子、生命教育工作推手）

〈推薦序〉
天地人共榮之法

周介偉

　　Eva 老師精鍊其豐富扎實的輔導經驗及修心修道之心得所提出的這十項核心能力，乍看標題會覺得跟許多企業培訓課程所提出的職場成功人士應具備的能力條件類似。

　　但是只要您多進一步深入去看 Eva 老師對各項核心能力所提出的定義及詮釋，就會發現其深蘊的內涵結合了心理輔導和自然道法的靈性修為於其內裡。

　　不僅是內聖外王彼此雙贏，甚至這些核心能力的運作，同時也展現了高度的天地人共榮之法，是順應自然的用心用情又合理有效率的運作之法，定可以帶給個人處事為人上的成功，也能促進帶動所屬的組織和與之接觸的共事者共同的成長與進步，所以非常推薦企業人士或從事心靈輔導和個人教練的專業人士們一讀此佳著！

（本書作者為企業訓練講師、光中心創辦人）

〈推薦序〉

活出百分百負責的內聖外王人生

張芝華

「問心」是陽明心學的核心思想。而 Eva 老師潛心鑽研多年的教練技術，正結合了陽明心學，整合出一套東方式心教練生命教育體系，令人讚嘆！我自大學時代就喜歡陽明心學，看到此書的精華內容特別興奮。

Eva 開宗明義地點明了此生我們為何而來的意義與使命──

「什麼樣的學習是內外兼修、經世致用？

什麼樣的人生是內聖外王、心腦合一？

內聖，是指注重內心的修行。

外王，是指做事的本領和修為。

這是為了能造福更多的人。因此我們在做事上就要有方法，更要有成果。」

德行與心性是內聖的內功。情懷與格局是外王的內功。生命的意義，就是每個當下知行合一，跟高維連結，調頻。

致良知是道德意識，也就是最高的本體神性，不假外

力的內在力量。良知,是人最高貴的品質。而當你能致良知,就能內聖外王。

　　當你活好這一生的十大核心能力,你就能回歸真我,原力覺醒。超越二元對立,與內在神性合一,就是致良知。

　　「這一生你最重要的『責任』,如果是活好自己的生命狀態,試著感覺一下,對於這個『任務』你的勝任力如何?這一生中,每一個你想努力做好的角色和職責,都需要你做好自己這個人。」

　　我特別贊同作者這段話。如果每個人都能在每個人生階段扮演好自己的角色與承擔責任,就是活出「勝任力」,就是活出「內在成人」為自己人生負百分百責任的內聖外王的人生。

　　　　　　　（本文作者為幸福心理學女性能量專家）

〈作者序〉

內外兼修的人生學習

大學畢業後我進入「張老師輔導中心」工作了十年，在中心學習專業助人的歷程對我日後的生涯發展，就像是一顆深埋在泥土中的金剛種子。

金剛種子的生命力和爆發力是驚人的；也正是這個強大的能量，多年後讓我整合出了一套「生命勝任力」（Inner GROW model）的完整體系。

回想 1994 年時，我之所以能夠獲得保德信集團國際績效教練世界冠軍獎，也正是因為我在張老師的心理輔導經驗，加上後來學習了西方系統性的教練學技術，才能在企業績效培訓領域有了豐碩的成效。

2000 年，我應聘到上海，應用生命教練模式為企業建立人才培育與發展系統。當時有很多人問我什麼是教練？我則問他們什麼是生命？然後我發現很少有人能夠真正把自己的生命說清楚。

一個人如果沒有真正的自我了解，會深深的影響他在人生中的自我發展和自我實現。而促進生命發展的學習，就必須是能夠知行合一、從知道到做到的學習。這也是與

西方哲學大師尼采齊名的東方心學大師王陽明給我們後人的生命啟示。

　　只要稍加留心就會發現，生命教育在學校、在家庭、在社會上有著無以計數的學習，卻似乎缺少了貫穿內外、系統性的學習；為了彌補這個需求，我根據多年對生命發展和專業成果的實現，確認人生的覺知與績效的同步發展就在「十大生命勝任力」之中。而這個生命勝任力，是由內在成長而至外在成果、是致良知與知行合一的核心能力，從知道到做到、從發展覺知到發展績效，是一個完整的由內而外、系統性的生命整合教育體系。

　　總結來說，生命勝任力的學習，是東方哲學與生命智慧的整合，是內外兼修、內聖外王之道。

　　什麼樣的學習是內外兼修、經世致用？
　　什麼樣的人生是內聖外王、心腦合一？

　　內聖，是指注重內心的修行。
　　古往今來，正心、誠意、修身、齊家、格物、致知，一直是聖人的修行之道。

　　外王，是指做事的本領和修為。

這是為了能造福更多的人。因此我們在做事上就要有方法，更要有成果。

陽明心學將人的良知，比作內在的聖人；良知是我們內在的聖人與明師。

生命勝任力的前六個能力是內聖（發展覺知），後四個能力是外王（發展績效）。

按照孔子的言論，所謂「內聖外王」，實際上是一個循序漸進、步步為營的實踐過程，是先「內聖」，而後「外王」。

所以「內聖」是「外王」的前提，「外王」是「內聖」的保證，它們是相輔相成的關係。

我在研修和應用生命勝任力的 30 年中，發現這套系統確實能夠幫助人由內而外、激發出內心能量，轉化心智模式，內外兼備的發展出生命成長與生涯成就。

期待這本書能讓大家建立起自己強大的生命勝任力，充分實現自我，活出生命願景的最大可能性！

目次
contents

PART 1
向內修練，發展覺知

〈前言〉
活好這一生的十大核心能力

生命為什麼需要勝任力？

在企業或組織中，非常重視每個職位角色的勝任力，每個人一生中也會扮演許多不同的角色，透過角色形成各種關係和任務，每個任務的成果都與你的心力和能力有密切關係。當你有了生命勝任力，就能輕鬆完成各種角色的任務。

人生中隨著生命的成長與生涯的發展，角色越來越多樣，從做子女到做父母、從被管理到成為主管、針對這些人生不同階段所帶來的不同角色和責任，其中有一點卻是完全相同的，就是如何發展人、發展生命；因此我們需要有一個共同的核心能力——關於生命力的系統發展。遺憾的是，不論是在家庭和學校教育裡，我們都沒能獲得系統性的生命教育。

事實上，人生無論哪個角色的發展都和你的生命狀態息息相關，人和角色要一起成長，才能圓滿平衡；想想看，

白天你在工作中受了挫折，晚上回到家是否就容易罵小孩，然後家庭氣氛變得很緊張。

　　所有組織中的培訓通常只針對職務與職能進行訓練，鮮少關注人的生命狀態，使得很多的學習大多事倍功半、學而無用。為什麼呢？因為來學習的是人，而不僅是角色和職位。

　　這一生你最重要的「責任」，如果是活好自己的生命狀態，試著感覺一下，對於這個「任務」你的勝任力如何？

　　這一生中，每一個你想努力做好的角色和職責，都需要你做好自己這個人。角色無論怎麼轉換，這個人始終是你。你做了媽媽，你還是要做女兒，你做了主管，也還需要被管理。人生的主體是生命本身，角色則像是每天穿上不同的衣服，完成不同階段的任務，如果我們想要不負此生，就需要清晰人和角色如何整合，這樣才能讓自己無論在哪個角色都游刃有餘，能真實的做自己。

　　2000 年，我從台灣受邀到上海從事企業內部績效教練工作，之後的十年我與瑞士培訓品質管理學院合作研究「組織中人才的發展體系」「專業需求分析和人才輔導方案」，我發現覺知和績效教練（PDCA^2）模式的輔導對於個人生命的覺知發展和組織的成果發展是相輔相成、一體兩面；我透過長期對個人和組織生命力的觀察和了解，發現這是

快速有效發展個人和組織的人才培育體系。

　　生命勝任力就是這個學習體系的核心能力，是生命教育的必修學分。生命勝任力由內而外的修練包含十個核心能力，前六個能力的學習重點在於「發展覺知」，後四個能力的學習目標則是「展現績效」，循序漸進的達成「內聖」「外王」全面而完整的生命修練。

　　本書也將依循東方心教練人才評估系統中的有效性、穩定性和整體性的生命學習路徑，以「對話」示範，引領大家共同提升個人內心能量與學會心智轉化，在生活、生命、生涯這三生有心中發展三業（專業、事業、志業）。在人際關係和成就績效上，更輕鬆自在、游刃有餘，活出幸福、圓滿的人生。

　　在正式投入學習之前，先讓大家對這十個核心能力有個概念：

1. 處在當下的能力（Be Present / Here and Now）

這個能力讓人無論做什麼都很有品質。

　　全然的處在當下，你的大腦會暫時停止思考過去、未來，這時你體驗到了一心一意的輕鬆與純粹，你的生命狀態是專心和專注的，生活充滿正能量、溝通的品質提升、

關係開始變好、生活中種種衝突消失，你感受到一股源源
不絕的內在智慧。

2. 建立同在的能力（Be Fully Connected）

使你對人、對事全然連結，沒有疏離感，人我之間充
滿了理解，彼此處於放鬆狀態。

建立同在，是與人深度連結的覺知關係，當我們處在
一心一意狀態時，關係會變得單純、溝通能更加深入、彼
此的了解也越能心領神會。此時，我們的生命狀態是自覺
覺他、知己知彼。

3. 用心聆聽的能力（Listening with Awareness）

這是所有人都渴望的內在能力。

用心聆聽，在聆聽的時候可以聽見對方的心聲，出現
心流的狀態。

用心聆聽，是處在當下真實的聆聽，在聆聽中不跟隨
自己的思考和分析。

用心聆聽，是在關係中修練覺知，這個修練讓我們時
時享受覺知關係的美好。

4. 有效提問的能力（Powerful Questions）

這是溝通非常重要的核心能力。

想要真正了解人我的需求，必須善於有效提問。

想讓提問快速而有效，必須是在心上提問。

人生的終極答案一直都在每個人自己的內心；善於「問心」，你的人生將不再繞遠路。

問心，是人際溝通的直達電梯，透過直指人心，快速到達問題背後的問題化解。

透過有效問心，你會瞬間聽見來自內心的清晰。你不再需要其他人的建議，因為在內心裡你得到了真正的答案。

5. 覺察制約的能力（Aware of Self-Restrictions）

具備了覺察制約的能力，你就是一個生命的清晰者。

沒有這個能力，人生就像是瞎子摸象，容易活得自以為是。

心智模式中有很多隱藏的限制性信念，會給人帶來成長和行動上的種種自我設限和制約。這些限制生命發展的制約，是非常需要覺察的。

人生想要活得自在、活得自由，就不可缺少覺察制約，藉由這項能力可以清晰究竟是哪些想法、信念，限制了本自俱足的自由、快樂與智慧。

6. 化解干擾的能力（Clear Obstructions）

人要怎樣才能活得心平氣和不被別人干擾呢？

生命的煩惱，是由內而外的。內在沒有干擾，外在就沒有困擾。

回到根源，化解干擾，我們才能活出生命的自由、快樂與愛。

7. 確認目標的能力（Confirm Passion and Plan）

確認目標，才能實現目標。

企業中有許多人經常無法達成目標，原因是他們不清楚這些目標對他們而言意義何在，他們認為這些都是老闆的目標。

確認目標，是和我們的內心確認：這個目標是你的心之所向嗎？這個目標和你的渴望、熱情的關連是什麼？如果我們每天都生活在清明、清晰的目標中，這一生就是走在明確的自我發展、自我實現的道路上。

8. 了解現況的能力（Clarify Fact, Feeling and Finding）

一個真正了解自己的人，才是自我實現的人。

知己知彼百戰百勝，你必須先知道你現在在哪裡，才能去到你想去的地方。

了解現況，是看清和目標有關的目前處境和情況，如果你都能了然於心，經過一定時間和行動，自然而然就能成功抵達。

9. 促進行動的能力（Develop Awareness Action）

所有的理想若沒有行動，都只是想法而已。

如何有效促進具體的行動能力，良知良行，我們從確定可實施的第一步行動方案做起。

10. 運用支援的能力（Leverage Resource and Support）

人際支持網絡，是我們生命發展的寶藏。

人的生命發展過程中，不同的人生階段會有不同的支持者，每個人都需要去支援與被支援；讓自己成為他人生命中的支持者。助人者人恆助之，運用支持能讓我們的助人之心和人人互助的精神力量連綿不絕。

只要融會貫通這套內外兼修的個人成長利器，在生涯、學涯、職涯上的展現都能更為輕鬆、圓融，活出理想而美好的生命狀態。

PART 1

向內修練，發展覺知

Chapter 1

第一力：處在當下

Be Present / Here and Now

你的身體會在昨天嗎？會在明天嗎？除了在此時此刻，你能去哪裡活著？我們的生命狀態只能出現在當下，只是我們的思維、情緒卻常常不在當下，所以生命才會分離、困惑、煩惱不斷。

處在當下，生命是乾淨的鏡子

生命勝任力的第一個修練是：處在當下。這是一個從生到死的核心能力，可以讓人無論出世入世、做任何事都很有品質。

處在當下，是聚焦、專注、專心，在行進中不去思考不在眼前的人和事，是忙碌的現代人很重要的身心腦修練。

處在當下，是真正的活，活出當下真實的生命狀態。

處在當下，你的生活將充滿正能量、溝通時聆聽品質

提升、許多重要的關係開始轉變，生活中的種種衝突消失了、你經常感受到一股源源不絕的內在智慧。

　　處在當下，是坐在心上，在醒覺中與人對話，自然而然，你就心如明鏡，你的大腦沒有來自過去和未來的干擾，呈現一種「放空」的狀態。當你這面鏡子足夠乾淨，空無一物，不染塵埃，就能瞬間看清人我。

 在對話中問心——處在當下

以下是我與 S 針對母子關係的對話與提問，以及當下帶來醒覺和自我發現的過程。

S　　：這幾天，我對自己與母親的關係有了新發現。以前我覺得母親的愛，有很強的控制欲。最近我開始理解，母親的愛就是那樣，她用自己的方式表達，我沒辦法要求她用我的方式來愛我。這個發現對我有些陌生，也有些觸動。

Eva　：「我沒辦法⋯⋯」然後呢？

S　　：我沒辦法讓她用我的方式表達她的愛。

Eva　：所以，這裡有一個你，有一個她。關鍵是：你沒辦法、

　　她用她的方式、她愛你。

S　：嗯嗯。

Eva：你感覺一下，這句話裡有三個重點：第一，你沒辦法。
　　第二，她用她的方式。第三，她愛你。你對這三點，
　　有什麼感覺？

S　：我都滿有感覺的。她愛我，是個事實，我有感受到。
　　她用她的方式，我也理解。然後，我沒辦法，意思是，
　　我不知該用什麼方法改變這個事實。

Eva：你覺得這三點，帶給你什麼影響？此刻你對自己有什
　　麼發現嗎？如果我們抽離一下，在這個當下，只有你。
　　你對自己有什麼感覺，有什麼發現？

S　：我的感覺是，心中原有的一些秩序彷彿有些鬆動，然
　　後我發現原本被隱藏很深的一些觀念，被模模糊糊的
　　探索和發現，但是，要接受不容易。

Eva：你看，我們的每句話都非常有意義。此刻你提到了接受、
　　提到了你內心很深的某些觀點，而且你看見了秩序，
　　然後你感到鬆動。

S　：嗯。

Eva：這些都是你對自己的發現，如果把它們串連起來，你
　　感受到了鬆動、你原來有一些秩序，還有一些很深的
　　觀點，你還提到了接受。我們再感覺一下，這些發生，
　　就是當下的發生。你會發現什麼嗎？

S　　：我覺得自己還是會很緊張。

Eva　：你發現自己還是會很緊張。

S　　：嗯。緊張是因為不夠相信吧。

Eva　：不夠相信什麼？

S　　：不夠相信失控的狀態，不夠相信一切是全然安好的狀
　　　　態。（輕輕的笑了。）

Eva　：嗯。當失控的時候，要怎麼相信那個全然安好。這兩
　　　　者之間好像有點連不上？

S　　：對。如何跟不確定性共處，我還是比較陌生。

Eva　：跟不確定性共處。好，那麼我們對話至此，你有什麼
　　　　感受？

S　　：感覺一種莫名的、壓抑的、帶著動能的能量在胸口湧動。

Eva　：現在你感覺胸口有很大的動能。

S　　：對，但是沒有突破出來，壓抑著。（笑了）

Eva　：在湧動，然後也在壓抑。

S　　：嗯。

Eva　：你發現了這個壓抑，看見了湧動，然後呢？這會帶給
　　　　你什麼？

S　　：發現它就在那裡。

Eva　：嗯。經常嗎？

S　　：最近有更多機會去體驗剛才說的那種很深的能量。

Eva　：最近會感受到那種壓抑再度湧動的能量。

S　　：被浮現出來。

Eva　：浮現出來。但你還沒感覺到它會怎樣。

S　　：嗯，還沒有完全接受。

Eva　：接受。你又提到了接受。所以當你不接受的時候，你
　　　　會怎麼樣？

S　　：就是剛才那種狀態，壓抑再度湧動。

Eva　：好，我了解了。

處在當下的提問，會讓人醒覺和發現自我

　　一段有效的對話，是不停留在對方所說的事情上，尤
其是過去的事。對於過去，無論好或不好已經都過去了，
我們無法改變。想要有效的對話，創造人生更好的可能性、
更好的關係、更好的溝通、更好的覺知、更好的啟發，就
要從關注事來到當下關注人。

　　上面的對話，我沒有和 S 談他媽媽，當他說起媽媽，
我只連結他本人、他的感受，他的觀點，他的生命狀態；
因為處在當下，就是只專注在此時此刻所發生的人和事。

　　在他說的一段話裡，我發現有三句話，是跟他自己有

關。當你處在當下的聆聽，自己的故事是不會升起的，就像是有個覺知空間承載著我們。

對話中，帶著覺知來聆聽和提問，所有的提問都可能帶來生命的轉變和自我發現。

處在當下，你不會恐懼、不會緊張、不會糾結

我們內在的恐懼、緊張、糾結，都是因為大腦產生的種種思慮。處在當下的大腦，是安定、不會胡思亂想的。人的大腦，常常是左想過去、右思未來，總是時時充滿著各種念頭和想法——懊悔過去，擔憂未來。每當你處在當下，大腦就像是手機關機一樣，暫時停止接收關於過去的和未來的訊息。

處在當下，不懷念過去、不憂慮未來，我們才能體驗到內在的空、鬆、定、靜、覺。

基於人性，人們對於未知總有很多擔心，因為未來充滿種種不確定，大腦對於不確定性會習慣發出種種擔憂的想法，使人產生恐懼。

基於人心，一個時時處在當下的人，沒有來自過去和未來的干擾，自由自在享受當下智慧流動的生命狀態。

一個沒有恐懼的人，是因為他的頭腦中不再有創造恐

懼的想法。

　　這種輕鬆輕易的生命狀態，是從「處在當下」開始。當你處在這種狀態與人連結，你不會產生內在憂慮和干擾，也沒有情緒和觀點需要應付、面對，所以有足夠的心力和專注力與他人真正相處。

　　經常練習處在當下，使我們的生命狀態更加專注，生活中充滿正能量，常常會有源源不絕的智慧靈感湧現，引導你清晰的面對人生所有的發生和發展，實現你的心之所向。

🎵 在對話中問心——放下緊張

從以下對話，可以看見 YL 的緊張和糾結如何被瞬間化解。

YL ：我看到自己每次要上場前，總是很緊張、很糾結，感覺準備不夠充分，所以要一再調整。我看到自己這個狀態很心疼，但可能這就是我的必經之路吧。希望有一天，我是游刃有餘的。

Eva ：你的敘述指向了一個問題：你不放心自己，是嗎？

YL ：是的。

Eva ：你做什麼事情都不放心自己嗎？

YL　：是的。

Eva　：好，現在請把眼睛輕輕閉起來，向內看看……你一直
　　　糾結的問題，是不放心自己。此刻我們來看看你的心
　　　放在哪裡？好好的看一看，關於你不放心……不放心
　　　的話，你把心放在哪裡呢？

YL　：心就在我自己身上。

Eva　：心就在自己身上，所以並沒有不放心的問題，心一直
　　　在那裡。

YL　：是的。

Eva　：很好，當下你對自己的心有了醒覺。現在我想知道平
　　　常你怎麼做 SBS（靜心觀照）。現在我們一起來做
　　　好嗎？關於緊張、糾結、不放心自己，這些心情你
　　　很熟悉了。如果做 SBS；Stop ——在情緒中暫停，
　　　Breathe ——做一個深呼吸，See ——靜心觀照。此刻，
　　　你就靜靜的看著自己的情緒和想法，像天上的白雲在
　　　飄著……

YL　：處在緊張狀態時，我就沒有去做 SBS。

Eva　：是的，所以我們現在一起來做，我們一步一步來。看
　　　看你在 Stop 時，會停在哪一個心情？也看看你停止了
　　　什麼想法？

YL　：停止的是「感覺準備不夠充分」的想法。

Eva　：好。此刻，準備不夠充分的想法停止了。接著，你做

一個深呼吸，就像剛才你看見心就在那裡，當你停止
了這個想法，現在你怎麼看自己？

YL　：我看到一個已經有所準備的自己。

Eva　：已經有準備了。然後呢？

YL　：感覺沒有那些糾結和緊張了。

Eva　：如果現在你就要上場，帶著這種狀態上場，你是什麼
　　　感覺？

YL　：沒有負擔、直接上場。

Eva　：此刻請你把眼睛閉起來，感受一下自己的安心和放心。
　　　不用等到多年以後的游刃有餘，就在當下，你現在就
　　　要上場，我們每次面對他人，都是上場。現在這個狀
　　　態的你、沒有負擔，直接上場。把這個狀態放在你的
　　　心上，在這個狀態中和自己多做連結。

YL　：好的。

🕯 **溫心小提醒：**

　　總是認為自己準備不充分，是心智模式中的一個思維
模式。SBS 是修練靜心觀照，透過靜心產生轉念；然後讓
覺知轉化有制約的心思與心情。

停止大腦中的二元對立，瞬間就能看見生命真相

　　當他說「心疼自己」「擔心自己準備得不夠」……這些都是大腦中的思慮，也就是說，這些問題都是從我們的腦海中創造出來的分析。

　　生命中凡是干擾性的情緒，像緊張、糾結……都來自於限制性思維，我們的大腦中有積極性思維，也有破壞性思維；所謂**不怕念起、只怕覺遲**。我們有善有惡的大腦非常需要覺知，才能念念分明，而不是自尋煩惱。

　　人為什麼會心疼自己呢？因為內心一方面評判自己、對自己有看法，一方面又覺得這樣對自己不公平；所以產生一種矛盾的心情叫「心疼」。這樣的心態，是不是在自作自受呢！

　　就像你在開車，導航一直給你指錯方向，即使你有很好的體力和技術，然而導航錯了，所有的努力都會徒勞無功，最後還是無法去到自己真正要去的地方。我們的思維模式就是人生導航，對於生命的自我發展影響甚鉅。

　　上面的對話中，我導航的是人生的另一條路——心路。處在當下，我們就能夠進入心路，內心瞬間豁然開朗，然後就是「沒有負擔、直接上場」，多麼輕鬆自在的人生啊！

　　慶幸的是，我們的人生不是單行道，不要一條筋走到

絕;記得常用內在有覺知的GPS,而且一定要選擇心路牌的。

　　處在當下,人會自然的與自己和他人進行連結。處在當下的生命狀態,就是跟當下所有的發生和存在自然連結。比如你在上場前,有時候也會緊張和不安,走在心路上你會覺知自己的心情;你會了解自己的期待和感受;然後你會相信自己;並且關注這些身心狀態,是當下會自然出現的,就像是風吹過一般,來了又走,風過了無痕。

　　但如果我們的注意力一直關注在那個創造問題的大腦,不停的思考別人會怎麼看我?自己表現不佳怎麼辦?這樣一個緊張不安的大腦,是無法知道別人怎麼看你的,而且真正在影響和干擾你的其實是你怎麼看你自己。

穿越角色的制約,活在真實的關係中

　　常常在對話中,當雙方無法說出心裡話,關係就已經不真實了,但他們仍然不理、不管,繼續不真實的對話下去。因為人們習慣離心很遠,對於自己的違心之論,視若無睹。

　　什麼是不真實呢?當你感到緊張、心裡卡卡的,或是覺得尷尬、笑得不自然、溝通不順暢⋯⋯雖然有這些情況,但是礙於當時的角色和任務,譬如說對方是客戶,或是長

官⋯⋯我們就不理會自己心中的那些感受，大腦會不停的找策略來解決當時內心的狀況。在不連結、不真實中繼續溝通⋯⋯因為大腦總是習慣於分析問題、解決問題，而不是處在當下。

處在當下，會讓我們自然而然來到與人真實的連結與流動。

 ## 在對話中問心——活出真實

在以下這段對話中，我督導一位教練 C，如何在客戶關係中做教練對話時，能夠演好角色，同時還能處在當下，保持真實。我們每一個人隨時隨地都有不同的角色。雖然人生總是需要變換角色，但是一直不變的是自己。每當我們扮演不同的角色，既要一直做好角色任務，還要能真實的做自己，這是關於生命整合的大修練。

Eva ：我想先問一下，在今天的教練過程中，你與客戶對話時，有沒有發現客戶的什麼反應，或是自己的什麼狀態？

C ：我感覺自己的頭皮有點緊，我關注到我的緊，做了深呼吸。

Eva ：你感覺頭皮緊，除了關注自己，有沒有關注到是和客
　　　戶的什麼狀態有關？

C　　：我感覺客戶沒有進入狀態⋯⋯

Eva ：你感覺客戶沒有進入狀態，從 Stay in role 和處在當下
　　　來看的話，試試看，如果落實這兩個原則，你會怎麼
　　　處理和回應？

C　　：我會表達：「這次我們是第一次在線上做教練，我感
　　　覺自己頭皮有點緊，好像你也還沒有進入狀態；你的
　　　感覺如何？」

Eva ：很好，這就是在角色中保持自己的真實。我們在每個
　　　角色中為了活出真實，當有任何感受時，需要去關照
　　　自己和他人。要處在當下，不要忽略那些你感受到的
　　　發生和發現，可以適當的說出來。

Eva ：我再問問客戶 Y：「剛才教練說他的頭皮有點緊，還
　　　感覺到你還沒進入狀態，如果他直接表達出來的話，
　　　你聽了會有什麼感覺？」

Y　　：我的感覺是，他非常真實而且有力量，會讓我更加的
　　　信任他。

Eva ：是的，了解。我感覺你們倆今天的不太連結就是因為
　　　教練 C 只是在做一個角色，你也只是在扮演客戶的角
　　　色，雖然你們一問一答間似乎話題有所釐清，但話題
　　　結束時，你並沒有出現行動的力量。

處在當下，回本心，致良知

　　人生中要把每個角色演好，處在當下的力量不容忽視；處在當下會讓人真實，而真實的力量有助於所有角色。比如說頭皮緊，我們可以說出來，也可以放在心裡，而真實的力量就是去表達當下的發生和發現，這樣可以促進雙方更多的了解和理解。

　　處在當下，是人生快速找到答案、看見生命真相的道路，是直達心之道。

🧘 在對話中問心——看見愛與菩提心

以下這段短短五分鐘的對話，深深的轉化了一個心中存在已久的困惑，只有處在當下，才能當下回本心，致良知，來自內心的答案是如此的清晰，直達生命的真相。

GL　：我一直覺得自己不知道什麼是愛，對我而言，好像一直有干擾，我很想知道什麼是愛。

Eva　：什麼是愛（重複他的心聲）？

GL　：剛才聽到同學說：「我就是愛」，而我經常說我學佛

法就是要慈悲眾生，但是我發不出菩提心，我沒有辦法慈悲眾生，因為我不知道什麼是愛。然而，我很想體驗愛，感覺它存在，卻又離得很遠。

Eva ：好，現在我邀請你先把眼睛閉起來，我們一起來到你的菩提心。

你說發不出來，代表你看見它在那裡，你想要它出來。現在我們就去它那兒，就在你的內在，我們來到菩提心的位置。請將你的左手放在那個位置上（他把手放到了自己的胸口）。好，緊緊相連，在那裡有菩提心。此刻你看見一顆跟愛有關的心，你想要讓菩提心在世間可以流動、可以慈悲，所以在那裡有菩提心和愛。此刻你連結了你的菩提心，我們再來連結愛……請問是誰想要菩提心發出來？是誰，想要菩提心可以慈悲眾人？我們連結一下這個菩提心的能量，還有愛……它們是誰？此刻用你的語言來分享，你的菩提心和愛是什麼？

GL ：是我。

Eva ：是你。

GL ：嗯。

Eva ：那你是誰？

GL ：我是那個菩提心。

Eva ：你是那個菩提心。所以無論你去到哪裡，沒有什麼發

　　　　不發的問題囉？

GL　：嗯，是的。

Eva　：你就是它，所以你去哪裡，菩提心和愛，就在哪裡是嗎？

GL　：是的。

Eva　：所以無論你做什麼都可以的，你都是在發菩提心和愛。
　　　　是嗎？

GL　：是的，我是（哽咽哭泣）。謝謝老師。

Eva　：好，這是我們當下見到的生命真相。

　　藉由無數次這樣的回本心，致良知，許多人都感受到被那股巨大的生命力觸動而淚流滿面，大家共同見證了心腦合一、處在當下生命智慧的力量。

Chapter

2

第二力：建立同在
Be Fully Connected

　　處在當下的人，會自然而然的來到第二個核心能力：
建立同在。

如何與所思所感、所做所為建立同在？

　　每天無論你在哪裡，和誰在一起，你是否真正的人在
心在？真正的在，是身心腦同在。

　　與人相處時，處在當下讓我們心無旁騖的和對方相處
及溝通。處在當下，讓我們專心、專注於眼前所做的每件
事、所說的每句話，所見的每個人，這樣我們會感知當下
所有的發生，並輕鬆與之連結；這就是建立同在。

　　建立同在，是與人深度連結的狀態。當你一心一意的
聆聽與表達，關係就變得單純、溝通變得深入，了解變得

自然而然。

　　一般人很難讓大腦長時間處在當下，因為大腦中的思維模式常常是不自覺的。

　　我們來觀察看看，你是否發覺自己無法停止思考？有時候你並沒有需要思考什麼，但是大腦會自動的想東想西、顧左顧右，使你無法處在當下，讓你和人的連結常常中斷。

　　建立同在，是在人我關係中沒有分離感。你會很自然的進入人與事的連結。比如當你在炒菜，你會很專心、很開心的炒得很有感覺。當你去洗衣服，你心無旁騖的洗，而不是一邊洗衣服，一邊想著待會兒要炒什麼菜，無論你做著什麼事都會感受到連結和專注。

　　如果生命中做每一件事情都是處在當下、建立同在，你和那些人或事的品質、專注、放鬆、輕鬆都會自然而然的發生。

🍂 在對話中問心──建立同在

ZY 　：在權威的關係裡，我想要自由。

Eva 　：我們來看一下你所說的權威關係。看看是誰？哪個人？
　　　　你的內心出現了什麼感受與發現？

ZY ：這是一段時間以來我的探索。我發現到大家口中所謂的權威，當我跟他一對一互動時，我感到很自在自如，也有連結感。我覺得我對權威的緊張和場景有關。比如當我要在高層的會議上發言，就會緊張。

Eva ：緊張……好的，此刻我們來感受一下這個緊張（和感受建立同在）。

ZY ：我感受到不只是緊張，還會很在意。在意自己的發言表現得如何，別人又會怎麼看、效果怎樣。

Eva ：嗯，你很在意。

ZY ：如果有主管在，更在意。

Eva ：自己表現得如何，是每個人都會在意和關注的。大家也都在意主管怎麼看，自己表現得怎樣。這其中有一個事實就是你平常的表現如何？這是你已經表現出來的：你在其他的工作場景中所展現的，主管都看在眼裡，對嗎？

ZY ：是，對的，平常主管對我的表現是看在眼裡的。

Eva ：那麼，這已是個事實，關於你的表現如何，主管對你的看法如何，已是事實了，對嗎？

ZY ：是的，老師你這麼一說我又有個發現。我其實不用太在意某個特定的場景去求表現。

Eva ：很好，我們來感覺一下此刻，當下你有了一個發現，這個發現給你帶來了內在的自由。你感覺到了嗎？你

　　剛才的這個發現，是你不需要太在意那些特定的場所和表現，這使你可以自然和自由的去呈現真實的你，對嗎？

ZY　：是的，當我特別想要在某些場景裡有所表現，又很在意主管的看法時，就給我帶來了很大的限制，這樣我就不自由也不自在了。當我把這些放下，就自由了！是的，就是這樣。哈哈！（開心的笑了）現在我了解了，是自己有一個心智，想要在某些場合特意有所表現。也確實像你說的，我平時和主管的互動，還包括和他一對一的交流，主管對我的表現都很認可，也都看在眼裡，他其實是很清楚和了解的。

Eva　：很好喔。我感覺到你有一份自信、放鬆和自在。恭喜你！

ZY　：對。此刻我又發現，在那些特定場景我所出現的那些感受，其實也是因為有了比較的念頭勾起我的感受。

Eva　：是的，這是你對大腦很好的發現，是吧？

ZY　：是的，是的。所以現在，我連結到的是全然的做自己，也連結到那份自由。剛才你說的很對，在平常的工作，和主管的互動中，其實主管對我都有了解了，對我也是有讚賞和看見的，我可以放下那些在特定場合中的比較和在意了。

Eva　：很好，很高興今天跟你的這一段對話。你渴望能夠自由的表達，剛才我感受到，你的自我發現、自信、自

在，已經讓你自由了。

今後我們可以讓自由在所有的場景中自在的發生。

ZY ：好的，非常感謝老師。

與感受同在，就能看清事實，發現真相

當 ZY 與自己的感受（緊張）同在，就有了對自己深層的發現。

1. 發現了事實：他希望被看見的已經被看見了；

2. 發現了自己心智中的在意點和比較感，然後他很自然就放下了那些在意和比較；

3. 發現了生命力，他就完全可以在領導、權威的關係中自由、自在。

這些是來自建立同在的力量。

許多人不知道如何跟自己的感受建立同在，大部分的時間都是跟思維同在，然而思維無法處在當下，一會兒探索過去，一會兒思考未來，使得內心常常無法安定，也就無法看清許多當下發生的事實與真相。

🎯 在對話中問心——感同身受的接納

FF　：我會不會孤獨終老？我能不能繼續撐下去？

Eva　：你曾說很少人了解你，現在就讓我來對你多些了解。

FF　：太好了。

Eva　：當你說不確定自己能不能撐下去，我想問你，「撐」
　　　是什麼感覺？你現在還有「撐」的感覺嗎？

FF　：有的。

Eva　：好的，我們來連結一下這個「撐」。請你先放鬆身心，
　　　把注意力放在自己身上。你向內觀照看看，當你在撐
　　　的時候，有場景、有關係、有什麼人、有什麼事……
　　　然後，我們回到你的內心，關於「撐」……我們和這
　　　個「撐」的感覺深深的同在。（與感受建立同在）
　　　這裡有一個重播，你看到有一個人他叫作 FF，你看著
　　　他，他正在經驗和面對生活、生命、工作中的種種發
　　　生……然後我們看見這個「撐」出現了……他正在撐
　　　著……請你對他感同身受……你感受著 FF 正在撐……
　　　如果沒有那些人和事，只有這個撐，一直撐住，撐著，
　　　而你對這個撐有很深的同理心……
　　　當我們和 FF 的「撐」連結和同在，此刻你有什麼感受
　　　和發現？

FF　：我覺得我看到了這個階段我的生命狀態。如果拋開那些人和事情，這種狀態就是一個撐……當我在內心看到自己這個狀態時，我有一種感覺是接受……這個接受感，讓我有了一些鬆動，就是想要接受現狀，有一種心情是想跟它們好好的在一起。

Eva：我了解。剛才你進入了很深的感同身受，關於FF的撐，然後你也感受到了接納跟鬆動，是嗎？

FF　：對，然後還有一些慈悲心，在我自己身上。

Eva：慈悲……我們再和這個慈悲心，此刻跟慈悲同在……（建立同在）你渴望怎樣的人生和生活？我們從慈悲出發，你看FF的生活、生涯、生命是怎樣的？

FF　：安定、喜悅、自在，這是內在的。外在，有一群朋友，是志同道合的夥伴，互相理解、可以互相點亮、互相支撐。我跟他們有能量的互動。

Eva：嗯，這是你的渴望和理想。目前已經有的是什麼？

FF　：這些在不同的階段裡都有過，只是強弱不同。在目前這個階段裡，我感覺喜悅的部分少一些，接納的部分正在增加。

Eva：嗯，現階段你渴望增加喜悅和接納。你最近的喜悅是什麼？

FF　：嗯，最近老師表揚我的時候，我感覺自己是有意義的、開心的。

Eva　：哈，開心。

FF　　：是的，當自己的能力提升了，就可以影響更多的人。

Eva　：嗯，是的，當你影響和啟發了更多人，你看到的是自己的覺知，還有績效，所以你是很開心的。

FF　　：是的。

Eva　：那我要恭喜你，你現在所處的圈子，就是覺知和績效的圈子。

FF　　：哈哈……是的。

Eva　：那你要不要跟我們一起終老？

FF　　：非常需要。

Eva　：那就不止是晨練，我們是可以終老一生的，雖然我已經老了。哈哈哈～

FF　　：您的生命狀態也是我非常嚮往的一種狀態。

Eva　：那麼，我們現在是有人生的方向，也有生命的意義，更有理想的生活，和共同的圈子，對嗎？

FF　　：嗯，是的。

Eva　：在這些狀況下，你還會孤獨終老嗎？

FF　　：好像好了很多。

Eva　：（大笑）是的，你好像沒機會孤獨終老，沒機會了。

FF　　：對的，是的。我現在在這裡開始投入，播種子，以後種子會哺育我。

Eva　：嗯，你的生活和生命發展就是你的修行，你也非常清楚，

你有哪些種子、有什麼土壤，你在什麼位置，都很清晰。好，我們的對話就到這裡，我對你增加了很多的了解。

同在，說話會轉為對話，構築真實的人際關係

我們每天和不同的人說很多話，你是否發現，常常你在說話，但是沒有人真正在聽？如果沒有人在聽，你還需要說嗎？

比如太太說話，先生在看電視；父母說話，孩子在玩手機；主管說話，員工在想心事……這些人的關係其實彼此並沒有真正在一起。大家處在人在心不在的狀態下。

建立同在的前題是處在當下，人在心在

你喜歡這樣的生命狀態和真誠關係嗎？我們可以和自己的身體、思維體、情緒體、能量體建立同在，這樣的生命狀態是活在整體中、不分離、不分裂、不內耗；不和自己過不去、也不和他人對立；生活輕鬆自在！

建立同在是透過心對話

心對話是不對立的談話。不是某個人的獨白，而是互相表達、相互聆聽；提問和思考，都在心流之中。

有效對話可以帶來對人真實的了解和理解。而真實是人心、人性都渴望的。

沒有人想要虛假和名存實亡的關係。人人都喜歡深度連結，透過有效對話就可以達到關係的深度：深層對話，深層聆聽，深層交集。

人人都需要建立同在的生命勝任力。

 在對話中問心──建立同在的溝通

接著我們看一段上課中我和學生的對話，她分享了跟先生互動的一個發生，我們來看看在溝通中，如何建立同在，如果沒有「對上」，也沒有建立同在，就很容易變成「對立」──

QQ　：今天晚飯的時候，我先生說：「妳看，妳天天一大早晨練，晚上還要上課，還有什麼一對一的會面，妳這麼學有用嗎？」我立刻回答他說：「哦，你覺得沒有用，那你覺得怎麼個沒有用呢？」

Eva ：我們在對話中，當先生問「妳這麼學有用嗎？」為什麼妳會回答：「你覺得沒有用……？」

QQ ：對喔，為什麼我要說：「你覺得沒有用……？」

Eva ：是的，為什麼妳會這樣回答他？這是他的判斷，還是妳的呢？

QQ ：我其實是想了解他問這句話背後的想法是什麼？但是當我先做了判斷，我就聽不到他的真正想法了。難怪他回答我：「妳這麼練，唉，我覺得人還是應該向內求。」我當時說：「嗯，是的，我也是想向內求，可是向內求，怎麼求？求什麼？」他說：「這個我不知道。」我說：「所以我想找答案。」他說：「那好吧。」然後我們就說別的了。

Eva ：是的，有時候這種對話很可能就變成辯論。

QQ ：對，要是以前，首先我會說：「怎麼就沒有用啊，我告訴你，特別有用的！」然後我會一直講怎麼個有用。我還會覺得他的問題裡面有挑釁、有質疑、有批判。但是，我發覺這場對話和以前有所不同了。首先我自己的狀態還是很平靜的。我也不去批判他的話，也不去認為他是在批判我，彼此看法不一樣也沒關係。最起碼他感受到了我的改變。

Eva ：妳和我們分享的是，妳感受到跟先生的溝通中妳的改變。在夫妻對話中，妳說過去比較容易爭執，或是當

彼此產生不好的感受，就無法再好好溝通，現在妳發
覺自己能做到不爭執，只是去增進對方的了解和理解。

對話會確認彼此當下真實的意思

比如說：「你早也練、晚也學，你這麼學有用嗎？」
可以釐清的是「有什麼用？」和「沒有用！」是兩種不同
的認定。

對於他說：「還是要向內求」，也需要透過對話「核
對」，而不是「對立」。

真正的對話是不會對立的。

說話如果進入對立，通常就是立場不同、觀點不同。
建立同在的有效對話不會產生對立，還可以轉化彼此不同
的立場和觀點。

當他說：「有用嗎？」我可以問他：「你的感覺是什
麼呢？你的看法是什麼？我們每天在一起，你感覺我有什
麼變化嗎？我想聽聽你的回饋！」

當我們邀請對方說明感受和看法，就能促進對方完整
的自我表達，對話也就開始展開，同時你也說出了自己的
期待和需求。

　　建立同在的溝通，是清晰的表達感受，清楚的理解觀點；不批判、不對立、不欺人、不傷己。

🅢 在對話中問心──與熱情建立同在

下面的對話中，YX 在探索生涯願景和天賦熱情、關於生命意義、此生為何而來，我們來看看在對話中如何用心聆聽，建立同在。

我跟 YX 做了兩次對話，在對話中，她和自己的內心建立很深的連結，從而生出內心有力量的目標和行動。

Eva ：YX，今天這個話題妳思考了多久？

YX ：其實很久了。

Eva ：妳大約是多久以前開始考慮的？

YX ：有大半年。

Eva ：好的，現在我們先靜下來，做個深呼吸……請把妳的思考從頭頂帶到胸口，我們用心來思考。

有大半年了，妳在左右為難，現在妳的內在有個答案，我們用心來聆聽……在妳胸口的位置，我們看一下妳的生涯願景。不管那是什麼決定，我們只是看著……

一個心之所向的生涯發展，包含了工作、家庭，以及學習。

試著看一看在妳心中的畫面，關於妳理想的生涯，妳想看到的畫面是什麼？妳想要的生涯發展，這其中都包含了些什麼？這是妳的願景圖，是妳對生涯的渴望，先不去分析可不可能，好或是不好，只看妳心中的渴望、理想、美好的生涯發展。妳的注意力只放在理想和美好，現在看一看，願景圖中都有些什麼？（與願景建立同在）

YX ：我看到自己有家人的陪伴和關照，也有投入自己喜歡的工作。

Eva ：這些是妳的渴望嗎？

YX ：是的。

Eva ：好的，我們從這個渴望向前走。妳感覺妳做什麼行動可以達到這個渴望？

YX ：喔，先找一份可以讓我很投入、充滿熱情的工作。

Eva ：為了這個讓妳很投入、充滿著熱情的工作，妳會做些什麼準備？下一步又是什麼？

YX ：先從做自己喜歡做的事情開始。

Eva ：很好，那是什麼？做妳自己喜歡做的事情是什麼？

YX ：心教練傳道班的學習。

Eva ：好，這是妳喜歡的學習，投入喜歡做的工作是什麼？

YX　：我感覺還不太清晰，但我知道我喜歡的事情我會很熱情的投入。

Eva　：好的，我們現在再把注意力放在妳的熱情上。
　　　妳對熱情很有感覺，有熱情和沒有熱情，妳會很有感覺……現在只把注意力放在熱情上，專心感受一下妳內在的熱情。然後我們就從熱情出發，看一看接下來妳最想做什麼？什麼事會讓妳熱情的工作？熱情會帶妳去做些什麼？現在妳有感受到自己的熱情了嗎？（與熱情建立同在）

YX　：有的，我喜歡做一些助人的事。沒有利益糾紛、沒有目的性、只是單純的投入。

Eva　：好的，妳感受到的熱情是單純的助人，沒有糾葛……

關於這樣的話題，需要運用清晰的對話來進行釐清。人的內在有清晰、有夢想、也有很多的混沌。當遇到一些裹足不前的情況，我們透過對話來釐清糾結，釐清渴望。

在對話中我引導她與自己的心建立同在，因為她的大腦思緒繁複滯礙難行，她常常讓自己左右為難，這樣分析又那樣分析，總是圍繞在有善有惡、舉棋不定中。

第二天，我跟 YX 繼續這個對話——

Eva　：YX，昨天妳提到妳的熱情是單純助人，還記得嗎？

YX　：記得。

Eva　：跟隨昨天的熱情，妳發現妳渴望單純助人。

　　　我想再了解，單純助人對妳來說是怎樣的狀態？妳感受到單純助人和熱情的關連，這個發現對妳有什麼意義？關於熱情和單純助人的關係？

YX　：是很有意義的。

Eva　：怎麼說呢？

YX　：雖然我還沒有清晰我的天賦熱情，但每當我在幫助別人之後，我覺得生命是很有意義的，在幫助別人時，我很有熱情、不會像平常的工作，有很多分析，考慮這考慮那⋯⋯我希望就是去做，去做就好了。

Eva　：嗯，妳喜歡不要有太多的分析，就是去做。

YX　：是的、是的，這也是我的熱情。（笑了）

Eva　：是的，當妳描述那種單純的心情、妳感覺生命是很有意義的。沒有太多頭腦的介入，妳只是單純的為對方著想而去做事。

　　　回到昨天的話題，關於妳要不要換工作，此刻，這個話題對妳來說，妳關心什麼？

YX　：這好像不是問題了。我在意的不是要不要換工作，而是我自己的天賦熱情是什麼，我現在知道了什麼才是我真正要去關注的問題。

Eva　：好的，很好。

在對話中，常常會有一開始對方的話題並非真正的焦點，這時我們就要去和他真正的需求建立同在。

一旦建立同在，就更能感同身受對方的處境和困擾、更能引導對方活出生命的綻放。

Chapter

3

第三力：用心聆聽
Listening with Awareness

　　用心聆聽，是聆聽的時候可以聽見對方內在的心聲，出現心流的狀態。換言之，就是聽見對方說出來的語言，以及他還在內心探索的狀態，透過當下如實如是的簡短回應和引導，不打斷也不打擾對方內在正在深層的生成。

　　當有人渴望表達，聆聽者就全然給予時間和空間，在心上聆聽讓良知現身；許多大腦無法分析的生命狀態在聆聽中綻放著朵朵的心花、流動著生命無比的智慧、解惑了大腦不在當下彩繪的種種意識。

三不狀態檢視你是否用心聆聽

　　真實的聆聽有三不狀態：

1. **不會打斷對方**：在聆聽中不會打斷對方，因為當你認真的聽，就不會急著想說。

2. **不會假裝在聽**：有時候你的眼睛看著對方好像在認真的聽，但其實你一邊聽腦子一邊在想著自己的事情，這就是假裝在聽。

3. **不會選擇性的聽**：在聆聽的時候，你選擇想聽什麼和不想聽什麼；你只聽你認為重要的，你認為不重要的，就會心不在焉的不想聽。

只要用心聆聽，就能聽到自己或他人內心深處的探索，並能給予簡單而深層的回應，使人內在全然醒覺。

 ### 在對話中問心──內心深處的探索

以下這段對話，我想分享的是如何在覺知中心領神會，跟隨對方內心的需要，聆聽她內心深處的聲音──

SQ　：我覺得自己常會阻礙某些內在的流動，這讓我很難受⋯⋯

Eva　：阻礙？

SQ　：我感覺這種阻斷比較明顯的是，有一次我跟老師拿了墊子坐在教室的地板上，有一個同學 HX 留意到了，就拿了兩個椅子走過來，說地上涼⋯⋯當時我們兩個人就出現了很不同的反應。

Eva ：嗯，是的……

SQ ：當時老師起身，很自然的把墊子撤了出來，坐到了椅子上。

Eva ：嗯，是。

SQ ：我那時抬頭想跟 HX 解釋，我們坐著墊子。才剛要開口說，就意識到我為什麼要說這個呢？難道是要讓她再把凳子拿回去嗎？還是我想要表達什麼呢？所以我不太理解自己，當時我為什麼要跟她說這個。

Eva ：嗯，了解，妳很細膩。瞬間在妳、我、她之間，妳有了這些發現，然後妳想探索。

SQ ：是的。

Eva ：妳想探索自己在那個當下，為什麼有這些下意識的反應？妳也想不明白。（不教導、不分析，是為了提供一個生命探索的空間，讓對方可以自由生長）

SQ ：對。您看這個事件符合我對自己的盤點，人最終都將回到一個精神核心。如果我們自己有時候感覺沒有連結，就像我跟她的連結就不好。我沒有很好的去體會她當時的心情與溫暖的善意。老師您可以立即站起來，張開懷抱去迎接這份善意，我跟她則是沒有連結，導致我在她的善意面前豎起了一個小屏障。是不是我有時候會試圖製造一些屏障，影響這個宇宙或世界，人們對我的愛、對我的照料、對我的給予？這讓我同時

　　　想到，我跟弟弟的關係，我留意到自己似乎經常迴避
　　　跟他說話，有時候甚至會轉身走開。這種迴避交流也
　　　是一種阻斷、障礙。像這種情況我是有意識的。前面
　　　我說的是無意識的讓這種阻礙發生。我是不是有個心
　　　智模式，或者是一個什麼內在機制？

Eva　：妳覺得妳跟妳自己的關係，或是妳和別人的關係，妳
　　　關注的是什麼？

SQ　：就是連結，我能不能連結到別人。

Eva　：嗯，妳很注重連結。

SQ　：對。我是意義導向的人，連結的程度可以很大很強的
　　　支援我。如果我和別人之間非常相知相識，我理解對
　　　方，這個感覺真的就會特別好。我發現這可能是我保
　　　持自己心力的一個方式，別的都驅動不了我。我在尋
　　　找意義，我跟別人的這種相知的程度，相互溝通，有
　　　連結的程度，可以給我最大程度的心力支援。

Eva　：了解。好的，我想邀請妳現在把眼睛閉起來，當下我
　　　跟妳連結一下……我們一起來連結妳所說的相知相識。
　　　在妳的心中，在妳的生命中，妳所重視和關注的那個
　　　意義。此刻我們深深的感受一下自己的生命狀態。在
　　　妳的心中有那個強大的意義，關於我們此刻的連結，
　　　相知相識，妳充滿了心力。
　　　這些都正在流動，我們看看這個流動，此刻對妳的意

義……從這個連結和意義中，妳的連結是什麼？今天的話題，此刻對妳來說，意義是什麼？

SQ ：我閉上眼睛就會發現，老師跟我在一條大河，河床稍微有點起伏的地方待一會兒……

Eva ：嗯，待一會兒，好的。所以妳感覺到這裡的連結如何？

SQ ：這個河流的水量非常大，它很難斷流，您要是說讓它斷流不太可能，就是水量太大了，它朝向著那個方向……

Eva ：嗯，是的。

SQ ：但是這裡的河床稍微有點問題，這裡的河床下邊好像有個大溝似的。

Eva ：嗯，有一個溝，看看它是怎麼流，它想要流向哪裡呢？

SQ ：它要流向一個比較明確的方向。

Eva ：是什麼方向？

SQ ：（笑）太陽的方向。

Eva ：嗯，太陽的方向，就像妳照片中的頭像……

SQ ：（笑）對。很明確，水量很大，力量很大。

Eva ：是的，水量、水面、太陽的曙光，都非常的清晰。就是這個方向，也是妳的行動。

SQ ：對。

Eva ：也是妳的天天。

SQ ：是的。

Eva ：在這裡會有什麼阻礙嗎？

SQ　：其實沒有。

Eva ：沒有，是的。我們看著曙光和水面，它不可能停止，也不可能不升起，完全沒有阻礙。

SQ　：是的。

Eva ：好，我想從剛才的對話，關於妳對自己的探索和發現，有體驗、有陪伴、有連結、有相知相識，沒有阻礙了。此刻我想請妳分享一下妳的心得……

SQ　：我剛才很有感覺了，HX 拿椅子過來，在那一刻我沒有處在她拿椅子過來的那個當下。我剛才說人跟人之間的連結，它不是我跟另外一個人的小我，是我跟另外一個人的大我之間，我很喜歡相知相遇、了解。了解那另外一個大我，包含著對自己的終極自我的一些了解，所以我很喜歡這個。所以在 HX 拿著兩把椅子向我們快步走來的那一刻，我沒有跟她在一起。

Eva ：是的。

SQ　：以至於她敲了一下我的世界的門，然後我還是沒有跟她在一起，所以我的意識之光，這個範圍其實是應該關照全場。我覺得這個光是應該讓它升起來、升起來、升起來，然後照到所有的角落。既然不是每個人的小我，既然是他們每個人小我背後的一個大大的我，所以沒有人是在一場談話之外的。

Eva　：是的，很美的發覺。

SQ　：從這個角度來說，我知道了我跟我弟弟的對話必定也是有其深意的。（笑）

Eva　：是的，當下所有的發生，就像此刻，妳有了非常美好的醒覺。

SQ　：我在老師的陪伴和引導下，看到了一個理解也好，當下也好，一個自然的我的流向也好，明確的流向也好，這個結果其實蠻讓我意外的。我喜歡這個當下，喜歡這種對當下的認定，對當下的堅持，對生命本質當下意義的投注。如果我帶著這束光回去，從當下來看，那麼事情就非常了然了。

Eva　：是的。非常了然……（鏡子不會添加色彩，心鏡是讓人照見本來面目，而不是他們大腦的添加物）

SQ　：然後我有了這個當下的發生和發現，我現在心情還蠻放心的，為什麼沒有恐懼，永遠安心，因為只要是你能夠安住當下，前面後邊都不算，就是那個當下，我就放心了。（笑）

Eva　：哈哈、恭喜妳。

SQ　：（笑）還有一個發現是，過去在每一個當下獲得重生，當下是通向所有這些問題的最好入口。

Eva　：嗯。給妳點贊。

SQ　：它是個四通八達的東西，這是我的發現，然後第二個

　　發現：老師是一個知道秘密的人。

Eva　：感謝妳的相知、相識。

　　從以上這段問心對話可看見，當我們處在當下用心聆聽，就有很多很深的覺知使得對話像水一般自然流動；有許多內心深處的探索就能促進生命自然而然的醒覺和整合。

　　每個人的生活中都有著許多讓人費解的故事，自己也不清楚為什麼總是有那麼多的情緒，為什麼就不能和家人好好相處，大腦中總是有很多莫名其妙的想法，有人物、有事情、有心情，但是說也說不清楚、想也想不明白。

　　如果你從故事的內容去聽人們內在的發生，那就會陷入太多的大腦無意識，那些來自觀點、認為、情緒的聲音，就像是海上的浪花，很容易就變成了泡沫，你用力抓住它或是費力想要看清楚它，往往都是徒勞無功。

　　只有用心潛入海底，你會看見另一片美麗的風景。與人對話用心聆聽讓我們從腦海來到心海，從生命表層的困惑來到深層的了解。多麼美好的人生風景啊！

　　用心聆聽可以在對方深深的流動、探索、渴望、困惑、生命底層的智慧中有如上善若水般的進行深層回應，當對方一時還無法說出來，心流引導他自然流現、柳暗花明、

又見一村。這是用心聆聽中深層回應的力量。

用心聆聽，心靜下來，全然的跟隨對方，聆聽的深度在當下自然而然的出現了，因此回應也就越來越深，每一個提問也非常有效，這一次對話的存在只為了呈現生命本身的清晰者。

用心聆聽是全然的處在當下，有如鏡子般的無我，只是單純的照見對方，使得他深深的看見自己。

用心聆聽所傳遞的心能量可以讓對方回歸本心靜下來，從頭腦的故事中轉到安定和安靜。內在安靜下來，心中太陽的光和大海的定就出現了。內在沒有了阻礙，就能直接體驗當下的力量、內在的醒覺，觀照美好的生命真相。

在聆聽中修練不跟隨人我的思考和分析

用心聆聽是所有關係中非常重要的生命勝任力。

在關係中所有溝通不良的問題都起於聆聽力。

我們修練用心聆聽這個核心能力，就是練習在行動中保持覺察覺知的狀態。

用心聆聽可以在關係中、在溝通中修練覺知，這個修練會讓我們享受覺知關係的美好；世間最珍貴的關係是覺知關係，在這樣的關係中每個人都了解自己也理解他人，

尊重自己也尊敬他人；愛自己也愛他人。

　　這個修練的方法是讓大腦自由，養成自由關機的能力，就好像我們隨時隨地可以把手機關掉般。當你把手機關掉，就暫時接收不到外界的訊息，大腦也是這樣，讓大腦暫時停止接收資訊，你就能輕易的進入安靜、安定，自然而然的用心聆聽。

 在對話中問心——堅定心之所向

藉由以下的對話過程，我們來感受一下全然處在當下、用心聆聽與對話者深層連結，可以釐清問題和化解干擾。

LJ　：我想談的話題是如何進行生命整合……

Eva　：嗯，如何進行生命整合……

LJ　：我覺得自己有很多束縛，也有很多限制性的東西。

Eva　：關於整合，妳想要的整合是什麼？

LJ　：讓自己更加的綻放。

Eva　：綻放，生命綻放。

LJ　：對，就是活出自己真正想要的樣子。但是當我想活出某種狀態時，我周圍有太多太多的束縛，讓我不敢和

　　害怕。

Eva ：好的，關於生命綻放，活出妳想要的樣子，此刻我們
　　　 來把注意力放在心上，一起看看妳內心裡看見了什麼
　　　 樣的自己？

LJ 　：有幾個元素，第一個元素是想做什麼就做什麼。

Eva ：想做什麼就做什麼。

LJ 　：對，第二個元素是不用在意家人，特別是爸爸媽媽，
　　　 還有老公的話語。

Eva ：不用在意家人……

LJ 　：第三個就是不考慮經濟因素。

Eva ：不考慮經濟因素……

LJ 　：嗯，目前想到的是這三點。

Eva ：關於想做什麼就做什麼，那妳想做什麼？

LJ 　：我想去義教、去做公益。

Eva ：去義教、做公益……

LJ 　：對，就是助人，非常實際的點對點的幫助人，而不是
　　　 單純捐款什麼的。

Eva ：就是想針對人，直接助人，妳想要對人有所幫助……

LJ 　：對，特別想。

Eva ：特別想……那麼妳現在的所做所為……所有的事情裡
　　　 面，跟這個渴望有關的是什麼？

LJ 　：我在企業裡擔任教練、點對點的捐款和幫助孩子，但

　　　　　是我覺得遠遠不夠。

Eva　：所以，對於妳所做的，妳感覺跟妳的理想差距還很大。

LJ　　：嗯，我覺得差蠻多的。

Eva　：好的，我們再感受一下，來更多的了解妳。

LJ　　：還有就是在剛才的三個元素裡，我特別在意家人的意
　　　　見，尤其是他們的反對意見，以前是父母，現在老公，
　　　　老公加上父母，導致我現在有很多事情都是瞞著他們
　　　　在做。

Eva　：了解，因為你們的意見不同。

LJ　　：我不知道是一些世俗，還是什麼原因？我不可能拋棄
　　　　女兒、妻子的責任，自己跑去義教，或者不顧及他們
　　　　的去幹什麼，這也是我的責任。但另外一方面，當我
　　　　瞞著他們去做一些事情時，其實內在很是自責，很不
　　　　舒服。

Eva　：妳正在看妳的一些現況，因為妳和家人的意見不同。

LJ　　：以前只要意見不同，我都會放棄自己想要做的，不論
　　　　什麼都放棄了。

Eva　：關於妳家人跟妳意見不同，妳也清楚了妳的理想就是
　　　　要助人，而且妳想要做的更多，在這樣的現況中，妳
　　　　希望今天我們的談話可以實現什麼？

LJ　　：我想去除內在的那個卡點。

Eva　：內在的卡點。

LJ　：對，因為我知道家人和先生的意見，其實背後可能是我的限制性信念，是我對權威特別特別的在意，讓自己沒有勇氣去做想做的事情，我想去除這個對權威的卡點。這是我特別大的渴望，我覺得這個卡點要是去除了，很多事情自然而然就不會受到干擾了。

Eva　：不受干擾⋯⋯所以妳對自己的發現是他們的意見會干擾妳，因為在妳的內心有一個權威，權威對妳帶來了限制。

LJ　：對，因為他們只是一種權威的代表，包括我在做其他事情時也會把權威放在神壇上，他們說什麼我才敢做什麼，他們不說的話我就沒有方向，是這種感覺。

Eva　：妳剛才提到勇氣，妳說勇氣可以讓妳穿越這些權威，妳確定嗎？

LJ　：我曾經找過答案，我覺得這是其中的一個答案，我也相信這肯定是一個答案，但我不知道是不是靠這一個答案就可以讓我穿越。

Eva　：好的，了解。那我們一起來試試看，我想邀請妳此刻進入妳的內心，我們現在跟勇氣連一連。在妳的內心有權威也有勇氣，現在妳渴望的是勇氣，所以我們來看看勇氣在妳內在的什麼位置⋯⋯感受一下，妳曾經經歷過的勇氣，如果妳發現勇氣所在的位置，我想請妳把手放在那裡。（她把手放在了胸口）

現在妳跟勇氣連結了，感受一下妳的勇氣，感覺一下勇氣的力量……勇氣妳是熟悉的，妳想用勇氣來穿越權威。在妳身邊有一些人他們的意見，妳說那是代表權威。在妳的內心，此刻妳看到了勇氣。現在我們一起感受一下，當我們跟勇氣在一起時，妳會怎麼面對那些不同的意見。那些來自於妳先生或是父母，現在問一問妳的勇氣……

LJ　：我覺得這個勇氣好弱小。

Eva　：嗯，感覺勇氣還不夠強大……

LJ　：感覺特別特別的小，就像三棵小草，然後面對的是厚厚的銅牆鐵壁……

Eva　：在妳的內心，再擴大一下，勇氣也可以長大，小草也可以長大，妳現在呵護著它，看看勇氣可以怎麼成長……

LJ　：首先感受到的是要關注，需要更多更多的關注和看見。

Eva　：嗯，關注和看見妳的勇氣，需要更多的關注和看見……現在妳正在關注和看見，我們再看一看，勇氣現在長得怎樣了，它跟妳有什麼對話嗎？

LJ　：啊，此時它好像長成了一盆有花盆的蘭花……

Eva　：有花盆、有綻放，是蘭花。

LJ　：嗯，像蘭花一樣綻放，黃色的花……

Eva　：這是妳渴望的生命綻放，此刻有花盆，有綻放的生命，如果妳想要去做一件妳想做的事情，會是什麼呢？

LJ　：直面爸爸媽媽，還有老公，或是權威，就是直面。

　　　（心力上升）

Eva　：直面，直接面對他們，和他們對話。

LJ　：是的。

Eva　：好，在這個花盆，綻放的生命中，我們再看一看，我們在直面家人，和他們對話，這是妳接下來想做的。也看看勇氣，再看看綻放，看看你們的對話，妳看見什麼？

LJ　：我的心力。

Eva　：嗯，心力，內心的力量

LJ　：我的心力帶給我堅定。

Eva　：是的，妳的心力正在綻放，然後是妳的堅定、直面、和他們做對話，妳會怎麼跟他們對話呢？在堅定和勇氣中，看看你們的對話，妳有什麼發現？

LJ　：我發現其實很多事情是我自己的問題。

Eva　：很多事情是妳自己的問題……

LJ　：是的，我會言簡意賅，堅定的向他們表達我的想法和我的做法，不管他們說什麼，他們的聲音，都不會再影響我。

Eva　：妳看到一個直面的自己，很言簡意賅、清晰的表達著妳的想法，妳做著想做的自己，妳也看到他們有著不同的意見，但是沒有影響到妳，是嗎？

LJ　：嗯，但是此時內在又有一個聲音出來，妳怎麼這麼不

　　　　負責任？

Eva ：那就問一下妳的勇氣，看看和不負責任之間的關係，再問一下妳堅定的心力，和不負責任之間的關係。是不是要完全接受他們的意見，就等於負責任？
問問妳的勇氣，還有綻放的生命，看看妳的內心怎麼回應。

LJ ：此時我的勇氣還沒有足以堅定到完全不要那個責任。

Eva ：喔，是誰在說不要那個責任？

LJ ：喔，是我的大腦……

Eva ：嗯，妳有一個大腦的聲音突然說這就是要放掉責任，而妳內心的聲音是說，我要堅定的直面自己，不受干擾，我想要尊重自己也尊重權威；這是不是等於不負責任？這是兩個不同的聲音。

LJ ：嗯，堅定的去直面這些問題，是在做自己的心之所向，這是我內心想要的東西，不代表不負責任。（她笑了）

Eva ：是的，妳很想做妳自己，我看妳笑的很開心，現在妳更了解妳自己了。

LJ ：是的，我只是在做我自己真正想做的事情，而不是他們心目中想要我做的，這不代表不負責任，這其實是我對自己的生命和需求負責任；只是以前我有一個誤解，就是必須做他們讓我做的事情，讓他們開心，才是負責任。

Eva ：是的，現在妳明白了，這是妳給自己的限制，妳知道
　　　了這不是不負責任，現在那個卡點還在嗎？妳的感覺
　　　如何？
LJ 　：完全不在了，我覺得很輕鬆。

用心聆聽讓我們彼此一直坐在心上對話，許多的自我
發現都來自於內心深處的力量和智慧，我們不需要給對方提
什麼建議和分析，透過心流，對方可以自己聆聽到內心的答
案、看見自己清晰的人生方向，這樣的心對話是不是很美、
很有力量？

用心聆聽五步驟

用心聆聽，可以化解關係中的衝突，包含自己和自己
的關係矛盾，促進有效能、有意義的對話，可以提升人與
人之間的深層了解，對於所有人這都是一個重要的生命勝
任力。大家可以根據以下五步驟來修練用心聆聽。

第一步：身體的聆聽
當你想要勇氣的時候，我會請你把手放在身體的位置，

這就是聆聽身體；因為勇氣是內心的力量，當我們透過聆聽身體來連結內心的力量就很有體感，由於身心相連、身心一體，所以我們透過聆聽身體來進入內心。

第二步：重複感受

當我們進入到內心，自然而然就有很多內心的語言，我們要時時將自己所說的心情和感受，用語言方式來重複展現，這樣就能引導自我持續坐在心上進行對話。否則大腦有善有惡的聲音隨時會介入，這樣就會影響你聆聽自己內在的心聲。

第三步：即時回應

當你開始在自己的內在進行探索，你會有一些發現，無論是內在的制約或是渴望需求……我們要把這些發現，即時的回應給自己，這樣就能一直處在自我了解中，並且不會中斷與自己的連結；透過當下即時的發生發現，透過即時回應就可以幫助你繼續加深對自己的探索。

第四步：有效提問

當我們在對話中用心聆聽就會持續的入心、聽心和問心。問心是最有效的提問。

　　問心就能無愧，你會自然而然的心平氣和、理直氣壯的去做自己最想做的事情。有效提問可以幫助你覺察制約（LJ 發現自己和權威的關係）、化解干擾（認為自己是不負責任的人）。當你提醒自己是不是不負責任時，大腦的聲音進來了，這時候有效提問就很重要，當我問 LJ「這是誰在說話？」她的內心立刻知道自己當時出現了兩個聲音。這樣就可以繼續在心力上釐清，知善知惡的、深深的明白了，而這一份明白就是我們生命中最珍貴的覺知。

第五步：深層回應

　　我們需要深層聆聽才能夠深層回應。即時回應是對方說了什麼我們就當下回應什麼，深層回應是對方放在心裡沒有說出來的話，我們透過回應來引導他更深的了解自己、整合自己的生命發展過程。

　　關於深層回應，因為我知道她的內在當時正在發生什麼、渴望什麼或是卡著什麼；然後我們要在那些發生中做出回應，讓她有豁然開朗的感覺，這些就是她想要的生命整合。

　　深層回應，是把她想表達，但是又表達不清楚的地方，都清晰的回應出來，這樣她就有一個完整的跟自己深入對話的過程。

實現大腦的終極自由，就是生命的終極自由

　　人生中所有的煩惱和誤解都和你的想法有關，如果大腦能夠自由自覺的不惹煩惱，這樣的生命狀態該是多麼的美好！

　　用心聆聽，是聆聽故事背後的情緒、觀點、需求、渴望。

　　用心聆聽，在聆聽時沒有進行自己的思考，不陷入對方的故事，不分析、不批判。

　　用心聆聽，是需要思考的時候用心腦思考，不需要思考的時候大腦自動休息。

💰 在對話中問心——提升心力，化解干擾

以下這段對話，是一個學生在上課時的分享，她講了很多故事，當我用心聆聽時，我不跟隨她的那些事情，而是專注在了解她的生命狀態。

MQ：從去年六月一直到現在，我都覺得自己處於一種腦袋　　　很沉，身體很沉，需要鼓勵自己努力去上班的狀態。
　　　每天回家就跟老公說，我可不可以辭職了，我不想去

到那個環境，不想看到那些人。

故事的起因是一連串的事件……（此處她分享了很多的發生）

我感覺特別沮喪和挫敗，在別人的評價裡，自己一直以來都是優秀的。但是公司發生了一連串事件，讓我懷疑起自己的能力，對自己沒了信心，感覺自己這樣做是不是很傻？一想到此我就特別的難受，這種情緒一直蔓延，我覺得很痛苦，特別傷心（哭泣）。

Eva ：嗯，我了解了，這些事情是什麼時候發生的呢，好像有好多事情，大概是多久了？

MQ ：從去年六月一直到現在。

Eva ：從去年六月到現在是幾個月了呢？

MQ ：九個月了。

Eva ：嗯，九個月，在這九個月中發生了很多的事情，妳有說過妳是優秀的對嗎？

MQ ：對，至少我覺得自己是優秀的。

Eva ：是的，妳有這麼多表現，有很多地方證明妳是優秀的。然後在這九個月當中發生了很多事情，妳是改變了對自己的看法嗎？妳覺得現在妳是怎麼看妳自己的呢？

MQ ：其實我也沒有改變對自己的看法，同時也沒有停止自己繼續往前。

Eva ：嗯，妳還在繼續向前……

MQ ：對，都還在繼續，其他人會擔心我是不是會沉淪下去，不再繼續，後來我想想，這不過都是他們的擔心。我知道我的初心是這樣，但是我的情緒一直很不好。

Eva ：主要是什麼情緒呢？

MQ ：應該是沮喪，還有覺得自己很傻的感覺。

Eva ：沮喪，很傻……好的，此刻我邀請妳把眼睛輕輕閉起來，先感受一下這個沮喪……（處在當下）
　　　在這個沮喪的感受裡，有許多事情都過去了，那些人現在也不在，這裡只有妳和妳的沮喪，這是妳內心的感受……關於沮喪……我們來跟這個沮喪深深同在……（建立同在）
　　　現在妳正在感受著這個沮喪……有些事情發生，也許其他人不了解，但是妳了解妳自己，妳也肯定妳自己……在這些發生中妳有一些沮喪，我們正在聆聽這個沮喪……了解這個沮喪，看看了解這個沮喪之後，妳有什麼發現？（用心聆聽）

MQ ：我發現我為什麼要沮喪呢？其實我還蠻自豪的，我還是能扛住壓力，解決好問題。

Eva ：是的，妳對自己的表現是滿意的，而妳也已經證明了。除了沮喪，妳還看見妳是自豪的，能夠承擔處理這麼多的發生。

MQ ：對，我覺得是。

Eva ：那麼從這個自豪出發，我們也了解了沮喪。妳對自己
　　　　有什麼期望？接下來妳還是要去工作？（有效提問）

MQ ：老師您在課中教導過的 3P 模式（People / Position /
　　　　Performance）人、角色、績效之間的關係，我有一種
　　　　醍醐灌頂的感覺！在組織中個人常要扮演各種角色，
　　　　我覺得應該要把底層的自己這個人先做好，再把角色
　　　　與人的關係釐清，看清人是怎麼了，各種角色對我的
　　　　期望又是怎樣的。
　　　　我覺得我應該支持我團隊中的人，他們每個人也是在扮
　　　　演工作中的角色，而我的角色是關照團隊成員，他們除
　　　　了工作角色還有其他角色，我不能只是一味的要求他們
　　　　只是待在工作角色，這是我期待自己要去做到的，這樣
　　　　團隊關係會發展得更好，大家的身心會更愉快。
　　　　是的，我想要去關照他人。（覺察制約、化解干擾）

Eva ：很好！妳開始關注人和角色的關連性，妳同理每個人
　　　　都有很多角色，妳想實踐關於人、角色、成果，能夠
　　　　學以致用的在妳的團隊中進行；妳覺得具體的第一步
　　　　是想做什麼？（促進行動）

MQ ：我想召集我的新團隊成員做相互連結，提出快樂工作、
　　　　快樂生活的理念，我想從高效會議開始建立連結，對
　　　　於績效不好的員工，我要更多的傾聽，真正聽到他們
　　　　的心聲。

> 以前我太著急，看到績效不好心中就有怒火，現在發
> 現我要關照到他們作為一個人的需求，讓他們一點點
> 的進步，我要真正看見他們的進步，這樣大家會更好。
> 我想好了，我要與老團隊告別了，同時要與新團隊建
> 立連結。
> Eva：我聽得好感動啊！妳將會在組織變革中進行一系列用
> 　　　心的行動、規畫、告別、重新開始妳的新生涯。妳現
> 　　　在的感覺如何，關於妳的新工作和角色？
> MQ　：我覺得現在能量大大提升了，我覺得自己就像外邊的
> 　　　陽光一樣，很溫暖，我也很有力量和信心去面對他們。

　　從以上對話你是否也清晰明白了，用心聆聽與探索自
我內心，在生活、工作，方方面面都能藉由心力提升而化
解干擾。

用心聆聽：關注事，更關注人

　　當對方開始訴說一段心中的故事，聆聽者在話題中跟
隨什麼和不跟什麼，就像是萬花叢中過、落葉不沾身。用
心聆聽，你會在覺知中聆聽、回應和提問，把人生的種種

問題化繁為簡，從有善有惡的繁雜大腦功能雲淡風輕的轉化到知善知惡的良知功能。

當我們面對生命 Just say Yes ，對方也會開始化繁為簡聚焦在自己的生命力上。

用心聆聽，我們既關注事也關注人，在聆聽和對話中，我們要穿越那些事來到人，重要的是對方或自己對那些事情的看法和感受。在那些故事發生的過程中對方或你有什麼情緒、觀點、需求、渴望、期待，而這些關注點都和了解人息息相關。

當你閉起眼睛體會自己的沮喪時，是一個回本心，致良知的準備；你將透過沮喪來感知自己和連結自己的心情，這樣可使活躍的大腦暫時停止分析問題，而你就能自然而然的安住在心上。

當我們安住在心上，你會聆聽自己和他人，會了解自己和他人，會相信自己和他人，也會愛自己和他人。因此，你將會發現自己的優勢、肯定自己的貢獻、關注團隊的需求，這樣的生命力就從一個人影響了一群人。

Chapter
4

第四力：有效提問
Powerful Questions

快速有效的提問，是問心。

問心，是人際溝通的直達電梯，透過直指人心，快速到達問題背後的智慧。

問心，是發展人內在智慧的技能（Inner Skill），可提升意識進化和醒覺；這就是東方哲學大師王陽明心學所說的致良知的內心之路。

透過有效問心，你會瞬間聽見內心的清晰感。你不再需要其他人的建議，因為在內心裡你得到了真正的答案。人生的終極答案一直都在每個人自己的內心；善於「問心」，你的人生將不再繞遠路。

問心之前先要連心

處在當下、建立同在、用心聆聽，這三個核心能力都

是連結本心的修練。

處在當下，大腦是安靜的。
建立同在，生命體驗連結。
用心聆聽，修練事上練心。
有效提問，問心是致良知。

每天我用心聆聽，聽見許多人內心真正想的，以及他們說不出口，或是講不清楚的想法和感受，我會在那些關鍵狀態中提問，引導對方進入深度探索與反思，這些高效對話所帶來的成果是因為生命勝任力。

有效提問和用心聆聽的關係密切

在這一章裡，我們要來看幾段深層的對話，體驗一下有效提問是如何的一念心轉、解決衝突、建立共識、讓關係和諧……

總之，無論是想幫自己，還是想幫他人化解人生種種困擾，關鍵行為就是善於問心。

🐾 在對話中問心──聽心與問心

第一段對話是通過有效提問，進行深層的探索，讓對方清晰自己真正的需求。

PP　：我想探索「三生」的話題。

Eva　：三生是生活、生命、生涯，你最關注的是什麼？生活是發展關係，生涯是發展學習和工作，生命是發展智慧；此刻你想探索的是什麼？

PP　：應該是生涯方面。

Eva　：生涯是指你的工作嗎？

PP　：對。

Eva　：你想要探索什麼？

PP　：我想真正的助人。但是，我沒有心力。

Eva　：你想釐清自己能不能夠真正的助人，因為你心力不夠？

PP　：是的，我始終覺得自己的能力還不夠。

Eva　：嗯，能力還不夠。

PP　：對，所以我覺得還需要再學習和修練，我感覺這條路很長，現在只是剛開始。

Eva　：嗯，是的。

PP　：有種想做什麼，但是又做不了什麼的感覺。

Eva　：嗯，了解，你才剛開始學習和修練，你發現修練是一

個很長期的過程。你目前在企業裡也在做助人的工作和組織發展，你覺得自己還沒具備足夠的能力，你認為最需要具備的能力是哪些？

PP　：這個我還說不上來，因為需要的能力真的還不少。

Eva　：嗯，需要很多的能力。

PP　：對，專業助人和組織發展必備的知識和經驗，我感覺非常龐大。

Eva　：是的。

PP　：我始終覺得教練學習有助於企業跟組織的發展。

Eva　：的確是，應用教練的能力是可以協助組織發展。

PP　：對。

Eva　：嗯，在這些需要的能力裡，以你對自己的了解，你想要提升的核心能力是什麼？

PP　：始終還是在教練上。

Eva　：一個專業的教練有很多能力和狀態，你看到自己目前最需要的是什麼？

PP　：是教練的狀態。

Eva　：教練狀態，你希望的教練狀態是內心可以更穩定，是嗎？

PP　：對，這是我一開始加入心教練的時候就很期待的。

Eva　：我了解，良好的教練狀態就是生命狀態。你覺得自己現在的教練狀態是怎樣的呢？

PP　：我感覺比我剛開始學教練的時候整個人的穩定性，看事情的深入度，還有對人的了解各方面都有很大的提升。有時候我還是會有很多的情緒，不能時時刻刻處在當下，但是我也不著急，因為我覺得這是要靠實修實練的。

Eva　：很好喔！作為你的教練，我可以持續陪伴你去實現你的教練狀態和目標，你希望我們一起怎麼發展？你所渴望的教練狀態又是怎樣呢？

PP　：我渴望的是活得真實的那種狀態。就是在生活和工作中都處在真實的狀態。因為每次在學習時，我感到自己是真實的。

Eva　：嗯，在學習時候的你很真實。

PP　：對。

Eva　：所以，你希望自己在做教練的時候，也感受到這個真實的狀態。

PP　：是的。我很想做到教練的放空。

Eva　：放空，就是沒有思考的干擾。

PP　：對，我希望能把這種能力用在工作和生活上，處在真實和放空狀態。

Eva　：嗯，把這種狀態發展到其他角色，在每個當下都能放空和清晰，是嗎？

PP　：對。

Eva ：好，我們先對話到這裡，現在請你分享一下你的感受
和發現。

PP ：我發現我一直在說的教練狀態，其實我也不知道是什
麼，但是我有一種嚮往，就是像老師你的這種內心安
定的狀態，這是我想要的教練狀態。

Eva ：嗯，所以此刻你的感受是什麼？（處在當下、有效提問）

PP ：我感覺我想要聚焦什麼，現在很清晰了。

直指人心的提問，會讓人心中「啊哈」一聲地豁然開朗。

這是一個清晰者在清晰中持續回應和提問，一步步自
然而然的促進著對方的清晰，通常大腦一直想不通的問題，
回到內心突然就迎刃而解了。

提問有效，是因為直接問需求

人和人之間每天因著各種需求而進行溝通。最有效的
溝通是以需求為導向的對話。

想要真正了解人的需求，必需善於有效提問。

在對話中問心──面對內心的需要

我們再來看一段對話。

MM ：我覺得自己現在最大的不確定性，就是我未來的事業
　　　可能會和我先生的業務有關連，我非常不希望把感情
　　　生活和事業攪在一起，有太多的案例告訴我這個結果
　　　不會很好，這讓我感到不安。我和先生的感情、家庭
　　　生活、個人事業，如果分開看，我覺得都很棒，而且
　　　深信以後會更好，但是這兩者疊加一起時，就讓我產
　　　生了疑惑和擔憂。

Eva ：聽了妳的心情，我感覺妳有一個希望是求安心。對於人
　　　生的未知，如果關鍵是妳和先生之間的溝通，以及解決
　　　問題的態度，妳對自己有信心嗎？對先生有信心嗎？

MM ：人生的感知和智慧，我不如我先生，他是一個十分有
　　　智慧的人，而且一直都是他在引導我去選擇。他是一
　　　個很有內在力量的人，內心很堅定，同時也給了我很
　　　多指引，所以當老師問我這個問題時，我突然發現，
　　　我的這個擔心是從哪裡來的？好奇怪啊！

Eva ：所以妳對他很有信心。

MM ：是的，我對他很有信心，但我對自己沒什麼信心。

Eva ：妳說對他很有信心，對自己沒信心，那妳可以跟他討

論這個擔憂嗎？

MM：嗯，今天之後我會和他溝通，之前怎麼都沒有想過要跟他討論呢？

Eva：當你們有了深入溝通，或許妳就清晰了。如果未來你們要在工作上緊密合作，妳就需要像這樣坦誠的溝通，對嗎？妳把妳的感受和顧慮表達出來，這是對於合作對象必須做的溝通，妳覺得呢？

MM：是的，如果我把他定位成合作對象……

Eva：事實上他已經是妳的合作對象了，對嗎？

MM：是的。

Eva：現在往前看，看看未來十年的你們，妳似乎已清晰看出在事業和關係上，妳對自己的事業和伴侶都很有信心，那妳看見它們發展成怎樣了？

MM：我突然明白我困惑的點在哪裡了。就是這兩個關係分開看我都看得見未來，但是這兩個身分變成同一人時，我就看不到了。

Eva：嗯，所以妳明白了什麼？

MM：就是因為兩個身分的重合，讓我有了不確定性。

Eva：嗯，所以妳想把它們分開看，是嗎？

MM：是的，分開看我覺得都能看得到，他是同一個人，但這個人跟我是在兩個關係裡……兩個美好如果合起來是否可以成就一個共同的美好？

> 嗯嗯，現在我清楚自己的期待了！接著我要從這個期
> 待去和他坦誠溝通。

　　在以上的對話中，我沒有打斷她，也不給她建議，只是順著她的心路和思路提綱挈領的對她回應和提問。然後她就自己成為了清晰者，知道什麼是真正的需求，以及怎麼解決自己的需求。

有效提問，可以讓人發生一念心轉

　　問心的最大力量，就是可以讓人發生神奇的一念心轉。原本大腦被很多想法困擾著，因為一個直指核心的有效提問，瞬間發生了轉念，就化解了內心困擾許久的情緒。

　　有效提問，需要在對方的需求上提問，引導他清晰自己的生命狀態，促進他的生涯發展，當他體驗到生命和生涯的整合，就會非常有力量。另外，還必須是在內心關注的目標上提問，如果只是外在目標就流於表相的探討，並沒有清晰何者才是真正的目標，當真相和真實沒有浮出水面，對話不過是在水上不斷拍打的浪花，實際上真相和真實仍舊沉在水底，沒有顯露出來。

在對話中問心——一念心轉，明淨真實

接著我們再來看看，問心在提問中的力量，是如何達到生命的真相和真實。

Eva ：我聽妳說要以己為師：自己就是自己的老師，是嗎？

AA　：是的。

Eva ：妳常說自己不清晰，現在妳是自己的老師，當妳發現自己不清晰時怎麼辦？

AA　：我就從這個不清晰中學習，從事情發生到現在，我有很多的行動，去學習和找答案，希望把問題清晰化，看看在這個過程中我可以學到什麼？

Eva ：好的，我想請妳分享一下在這20天，妳說有很多的行動，並且在尋找答案和學習，到此刻，妳的清晰是什麼？

AA　：第一個清晰，是我知道了。即便我的靈性不清晰，也不會阻礙我去做想做的事情。第二個是，我全然相信靈性的存在。此外，還有一個清晰，是對於心之所向的清晰。我看到干擾我去實現心之所向的，在生涯這個方面，我需要突破的地方是什麼。最後一點我還想要清晰的是，既然我相信靈性的存在，那祂要如何跟我的心連結、轉化、整合，這是我想要學習和清晰的。

Eva ：好，此刻我們先不討論靈性，妳剛才提到妳看到自己

對於生涯的清晰，妳的生涯清晰是什麼？

AA　：生涯的清晰是，我要發力的方向是女性的成長和發展。我身為女性，我的生命狀態在哪裡，我對於生涯這個主題的了解，就會去到哪裡。

Eva　：妳想要做女性領導力，針對這個主題妳所了解目前市場的需求是什麼？對於女性領導力的學習，對妳來說，妳的需求是整合心和靈，那麼其他人的需求呢？

AA　：我之前做過一些調查，我想要聚焦的是年輕的知識女性，我想要做一個整合。其實也是推己及人，把自己先活明白，再談領導力。

Eva　：妳說推己及人、活明白，妳是希望自己先做到了，再推己及人嗎？

AA　：是的。

Eva　：好，此刻我們跟自己的心確認一下，妳希望可以活明白，然後推己及人，這是妳的心之所向嗎？（問心）

AA　：是的。

Eva　：那麼我們就先放下怎麼做的規畫，妳的目標是活明白，當妳沒有活明白，妳也沒有辦法推己及人是嗎？

AA　：是的。

Eva　：那麼關於「活明白」，妳當下的行動是什麼，妳的目標已經清晰了，暫時不是女性領導力，是妳自己的活明白。對於這個心之所向，妳覺得做什麼可以讓自己

活明白？活明白的相關行動是什麼呢？

AA ：首先得真實的活。就是要活在真相中，這是我最近在關係中很大的考驗，我發現他已經來了，就是關於我到底要活成什麼樣子？是活在真實的真相中，還是活在另外一種狀態。

Eva ：很好，妳想要真實的活，活在真相中、在關係中。對妳來說，妳所指的真實的活和真相是什麼？（問心）

AA ：真實的活就是誠實的面對自己內心真實的渴望，包括在關係中對自己真實的了解，對關係的了解，並且去直面自己的內心。

Eva ：關於直面和面對自己的內心，妳現在做的如何？妳有什麼感受？（問心）

AA ：老師，這個問題問得真好。

Eva ：嗯，需要一個深呼吸。

AA ：（深呼吸）我正在朝向活在真實中，我身邊最親密的人也在推動我要活在真實中，但是我有極大的，非常大、非常大的恐懼。

Eva ：嗯，好的，我們來跟這個強大的恐懼同在，妳非常的恐懼，一方面是渴望活出真實，一方面是極大的恐懼，他們都在妳的內心，妳想跟隨什麼？（問心）

AA ：老師，我從來沒有過這麼大的恐懼，好像此時此刻，當我想著去跟隨那個真實，那個恐懼馬上就來了，那

些放不下呀，捨不得呀，看不開呀，就好像有一個無底洞一樣，我被那麼強大的恐懼籠罩著。

Eva ：嗯，妳覺得一個人真實了，當他活在真實中，活在真相中，他是獲得什麼，還是失去什麼？（問心）

AA ：他會獲得巨大的力量。

Eva ：獲得巨大的力量，好，我們來跟這個巨大的力量同在。妳有巨大的恐懼，也有巨大的力量，妳看得到摸得著，那個巨大的恐懼，妳也看得到摸得著，在真實和真相中有那麼大的力量。我們來跟這兩個力量建立同在，看看妳的內心，如何整合這個巨大的力量，真實和真相，還有妳的恐懼。（問心）

AA ：（哭了）老師，我覺得這個問題真的就是，我現在最大的……就是妳把我內心最根本的那個點找到了……

Eva ：好的，我們就待在那個點上……

AA ：我現在感受到自己好像被一層看不見的罩子給罩住了……

Eva ：妳想要繼續嗎？

AA ：想，想繼續……

Eva ：妳想繼續去哪裡，這個繼續對妳來說，妳真正想要的是什麼？（問心）

AA ：就是想要跟那個真實的力量完全連結，把這個恐懼的部分剝開……

Eva　：好，我們現在處在當下，直接進入你所渴望的那個真實和真相，因為妳已經知道什麼是妳的真實和真相。

AA　：老師妳這樣說我就連上了……我剛才連結到了我內心真實的那個聲音，內心裡最真實的就是真的很想要去活出這樣的自己。

Eva　：目前有什麼干擾妳？對於妳，這麼渴望活出真實，妳會被什麼干擾？

AA　：關係呀，擔心啊……

Eva　：關係對妳來說是什麼？

AA　：關係之前對我來說是安全感。

Eva　：安全感。

AA　：是的，我對於安全感的依賴，如果要活出真實，要活出那個力量的話，好像這一切的依賴和安全感都沒了，一腳踏進去就全是未知……

Eva　：除了那些未知，已知是什麼？妳踏進去之後會有什麼？是什麼力量讓妳從依賴來到這個踏進去？一邊是對安全感的依賴，一邊是妳要準備踏進去，那裡有什麼吸引著妳，使妳想要踏進去？（問心）

AA　：我很清楚那裡有什麼，那裡有真、有善，還有美，就是幸福，就是非常開心，很開心，很開心，是這樣的。所以說總是被這個能量吸引，總是想要跟他連結，確實是有的。

Eva　：那裡有安全感嗎？

AA　：有，有安全感……

Eva　：那妳還缺什麼呢？

AA　：不缺什麼了。

Eva　：確定嗎？

AA　：（她笑了）確定，不缺了，不缺了。

Eva　：現在是來自妳真實的力量，還有恐懼的力量，有整合嗎？

AA　：有的，我確定了，那裡有安全感，那裡才是真的安全感，
　　　　我確定了。（笑了）

　　以上的對話中，雖然她先提出了一個很清晰的目標
——「我要發展女性領導力」，但是當她的內心還有一個
核心需求，是關於自己活的明白。這個需求需要先行清晰
的發展，這也象徵著女性如何領導自己的生命發展。

有效提問促進清晰，清晰者促進有效提問

　　有效對話非常需要一種清晰者的生命狀態。

　　生命和生涯發展，關鍵就在於清晰。

　　生命狀態如果不夠清晰，會影響一個人生涯發展所做

的抉擇和行動。

　　有效提問的境界是一個清晰者。在清晰中看見生命的全圖，以及問題背後的真相，故能在清晰中提問，從而引導對方由醒覺來到清晰的生命狀態。

Chapter
5

第五力：覺察制約

Aware of Self-Restrictions

什麼是覺察制約？

生命發展中有許多心智模式會給人帶來種種的制約。制約來自限制性信念，限制性信念引發限制性思維，限制性思維則產生干擾性情緒，一環扣一環的帶來了壓制性的感受，這些思維和感受於是製造出種種的人際衝突。

三步驟發展覺察制約的能力

覺察制約是東方陽明心學中「事上練心」的能力。東方心教練修練的三步覺察是到達致良知的心路歷程。三步覺察是簡單有效的入世心法，長期練習可修練出知善知惡的生命智慧。

第一步：分辨情緒

發現有不舒服的情緒時，讓自己先安靜下來，深吸一口氣，看一看這是什麼心情？這時你的情緒已經初步得到安歇。

第二步：看清想法

在情緒初步安定下來之後，接著掃描一下自己發生了什麼想法。看看情緒發生之前都有哪些觀點、看法，促發了心情。

在靜心觀照中，你會看清是什麼想法和認為點燃了你不舒服的情緒。剛開始你注意到的想法也許會很多，試著去細細的觀看每一個想法，就像是靜靜的觀看著天空中一朵一朵的白雲，直到你感覺豁然開朗。

第三步：醒覺良知

覺知就是醒覺良知，是知善知惡的智慧之光；覺知會清晰生命的制約，使你瞬間看清心智中的限制性信念。

三步覺察每天隨時隨地，只要發現自己有任何情緒時就可修練；一方面能讓你在情緒中先安靜一下，避免情緒性溝通和思考，且練習的次數越多，致良知就越快發生。

因為，當你越來越能發現自己的思緒如何引發情緒時，你就是自己最好的聆聽者，對於自己的念頭和情緒的深沉聆聽，正是從醒覺者到清晰者的過程。

自我設限，認為自己做不到

我很喜歡一個故事——「有一頭小象，生活在馬戲團裡。小時候牠被一條鐵鏈子拴著，每次向前走就被鏈子牽制，所以總是走不遠。漸漸的，牠長成了一頭大象，鐵鏈已經鎖不住牠了，但是牠依然走不遠，每次向前走幾步就自動停下來，認為自己只能小範圍的走。」

事實上，一頭大象已有足夠的能力脫離鐵鏈去到任何牠想去的地方。但是牠已產生制約，就是認為自己做不到。這就是關於心智模式中的自我設限——認為自己做不到。

在大腦的認知中，所有你認為「自己做不到或是決不可能實現的」我們都稱為制約。換句話說，制約指的就是，你很渴望去做，卻不知道為什麼一直無法做到。

在我們一生中，如果你所有的期待和渴望都可以實現，有一個重要的關鍵是你要去發現有哪些制約讓你最終沒有將之實現。

西方教練有一個重要的公式是 P ＝ P － I（成果＝潛

能－干擾）這個干擾即是制約。所以，覺察制約是我們生命與生涯發展的過程中很重要的勝任力。

　　關於人生的制約，需要辨認出是什麼念頭、什麼想法、什麼認為、什麼信念？讓生命自由、自然發展的力量受到限制，這就需要覺察了。

　　如果具備覺察制約這個能力，我們的人生就是清晰者，如果沒有具備這個能力，人生就像是瞎子摸象常常自以為是。

覺察制約，來自內在的「醒覺」

　　當外在的某個發生讓你感覺似乎被「卡」住了、有一種被限制住的感覺出現時，我們可以打開內在的覺知之光，就像在一間暗室你只要打開燈，光明瞬間掃除黑暗。

 在對話中問心──醒覺，化解制約

「醒覺」是致良知，是喚醒覺知，是活出知善知惡的人生智慧。現在我們來看一段醒覺的對話──

Eva：從關係上說，不管是同事還是家人關係，妳感覺了解

　　　　他人和被了解是怎樣的狀態？

CC ：我個人覺得，如果計算標準是一到五分，我大概是三‧
　　　五分左右。

Eva ：喔，很精準啊！還有一‧五分對妳來說是什麼呢？妳
　　　看到的可能性是什麼？

CC ：我希望能更深入的走入別人的內心，也希望別人能深
　　　度理解我的行為。

Eva ：嗯，深入他人內心，以及被他人理解。這個需求就來
　　　到妳今天的目標了，當妳回家和先生坐下來，兩人一
　　　起靜下來，妳想要深入他的內心，因為在早晨妳偷偷
　　　摸摸起床晨練的行為，妳希望被他理解。現在妳看到
　　　什麼畫面呢？

CC ：我覺得畫面有點滑稽。

Eva ：滑稽是怎樣的感受，代表妳的什麼狀態？

CC ：代表這個行為蠻可笑的，我又沒做什麼壞事幹嘛偷偷
　　　摸摸的呢？

Eva ：哈，是的，那麼他是什麼反應呢？當妳深入他的內心，
　　　他是什麼狀態？

CC ：深入他的內心……我感覺他有些擔心，他覺得我沒有
　　　休息夠，身體能吃得消嗎？

Eva ：妳了解了他的擔心。妳再看看自己的身體吃得消嗎？
　　　來感覺一下妳的身體……

CC 　：我的感覺是還好。

Eva ：妳感覺還好，他是否能感知妳的身體狀況？

CC 　：他感覺不到，這是他一貫對我的印象。

Eva ：我們回到妳的一‧五成長空間，如果想要被他理解，這裡好像是妳的一‧五還可以發生可能性。

CC 　：對的，我想想要怎麼讓他放下擔心，我要用什麼行動去告訴他，讓他明白，不能光做想像。

Eva ：嗯，妳想讓他真正的看見妳的狀態，我們再來感覺一下他對妳的理解……

CC 　：我想慢慢的，他會理解的。

Eva ：慢慢的是指什麼？

CC 　：隨著我每天的晨練狀態，慢慢的他就會看懂。

Eva ：是的，妳會讓他看到妳的身體狀況是沒問題的，然後妳也不用再偷偷摸摸的。

CC 　：對的，哈～

Eva ：我們的這段對話，關於妳想被了解和了解他人，妳有什麼發現嗎？

CC 　：我發現用行動證明會更好。

Eva ：除了妳會和他好好的溝通外，再加上你會用行動來證明，對嗎？

CC 　：對的。

從這段對話中，醒覺的「光」讓她看見「如何了解他人和自己也能被了解」的制約，是「關於自己的溝通和如何去行動」，這個看見立即就化解了她的制約，於是她會有下一步具體的行動，重要的是她不再為這件事情困擾，也不必再偷偷摸摸的。她有了清晰和輕鬆。

覺察制約，活出生命本有的自由、快樂、智慧

孩子不幸福，我也不可能幸福；他不開心，我也不會開心。

這是一個影響女性生命發展的心智，代表著你的生命狀態是由別人來決定。

這樣的媽媽所負擔的心理壓力，令人擔心她能不能輕鬆的陪伴孩子？

這樣的信念給自己帶來心情沉重，而在不知不覺中也給孩子增加了許多壓力。

這些都是起因於限制性信念，是可以透過對話釐清的。

關於幸福是什麼？每個人都有不同的定義，孩子覺得想吃霜淇淋，就可以吃到，這樣就是很幸福。

你的幸福定義是什麼呢？如果你並不喜歡吃霜淇淋，那麼孩子的幸福又怎麼能成為你的幸福呢？

如果你的幸福人生，是好好愛自己並且活得自由自在；你需要覺察制約。需要清晰的看見是哪些想法、信念、限制，約束了我們原本俱足的自由、快樂和智慧。

覺察制約，是心中的一面明鏡

從心理防衛機制來看，內在的制約常常會給人帶來投射。比如說，一個習慣自我否定的人，總認為是別人在否定他，其實許多都是他自己的想法，卻把想法投射到別人身上，認為是別人在對他貼標籤，下判斷。

 在對話中問心──明鏡問題背後的真相

以下是我和一位學生的對話，可以看到通過心如明鏡如何覺察制約。

HL 　：我期望能改善我的不自信。

Eva ：好的，請你回想一下，你是一直感覺自己不夠自信，
　　　　還是在某些特定時候不自信？

HL 　：是一直都不太自信。

Eva：嗯，是一直都覺得不自信。那麼，對於不自信，你做
　　　過怎樣的自我調整，看到過自己有什麼變化嗎？

HL：在學習心教練之前，幾乎都沒有什麼特別的看見或是
　　　連結。

Eva：我了解，或許你有感覺到自己的狀態，但是沒有發展
　　　自我探索和了解。

HL：對的，我是在學習心教練時，開始發現我對自己的認
　　　可很受外界影響，我看到了自己的不自信，總覺得自
　　　己做的不夠好，還有更多可以去做到。

Eva：當你緊張時會和自己做一下連結嗎？

HL：我沒有做過。

Eva：好的，那我們現在來和你的緊張建立同在——請把眼
　　　睛閉起來，在心中浮現你平時緊張的樣子，此刻你感
　　　覺到自己的心虛、說話時的停頓與遲疑、這是你經驗
　　　到的緊張……還有，連結你的身體，在緊張的時候身
　　　體是什麼狀態？有什麼感受？腦子裡有些什麼想法？
　　　過去你沒有和自己的緊張真正的同在，現在我們給自
　　　己一些時間和空間來了解它，這是一個長期和你在一
　　　起，但你並不了解的感受……它好像在某些場景突然
　　　就出現了，然後你感受到一種緊張。我們現在向內看，
　　　你和緊張面對面……你感受一下自己的緊張。

HL：（歎氣）我肚子很脹，感覺喘不過氣來……

Eva　：是內在的緊張想要說話，它的表達很強烈……

HL　：是的，是這個感覺，但平常都沒有感覺到……

Eva　：對的，你並不明白這個緊張，當它經常出現，其實是想要來和你說什麼呢？

HL　：我平常緊張的時候注意力都在大腦，大腦會一直規畫該怎麼去做，會想很多遍，也會想別人會怎麼看，我連結的都是別人，沒有連結過自己的身體……

Eva　：好的，沒關係，現在可以感覺一下。

HL　：現在，就是肚子脹，喘不過氣來……

Eva　：是的，它正在表達……你把這個緊張放在肚子裡很久了，它有很多、很脹……我們再給它一點時間和空間……看看除了肚子很脹之外，還有什麼發現？

HL　：我感覺到手背很緊，肩膀也很緊，一旦發現了就放鬆下來了……

Eva　：你的全身都在和你溝通，從肚子到手背到肩膀。緊張也是一種能量，它正在流動……

HL　：是的，感覺像是波浪，現在有些平緩，肚子很脹的感覺緩解很多了。

Eva　：你感到緩解，緊張也跟著緩解了嗎？

HL　：嗯，當我想像那些場景，感覺自己平和下來了，大腦的運轉也靜下來了……

Eva　：如果緊張是能量，它正在流動，不僅是在你的大腦，

也在你的身體裡流動，你的心情開始和緩，現在你和緊張的關係怎麼樣了？

HL：我感覺緊張它不在又在，就是和我一體的感覺。

Eva：是的，緊張跟你是一體的，你一緊張，身體就有反應，情緒也會反應，思考亦隨之反應，行為同時也產生反應，正如你說的，你們是一體的。

HL：嗯，之前緊張來的時候，有感受到大腦在出汗，還有很多別人的眼光，就是沒感受我的肚子，剛才，和身體連結時，肚子膨脹得很厲害。

Eva：是的，緊張完完全全在你的身體裡，就像一股能量，在你的身體裡發作，你給它的名字叫緊張，剛才你用心與它同在，真正的感受到它，它在你身體很多的位置流動，不停的在變化著……比如你的頭腦放鬆、心情和緩了，現在你會如何描述關於緊張呢？

HL：現在我感覺緊張是一個賦予的名詞。

Eva：嗯，是你賦予這個能量一個名字。

HL：實際上，它是遇到某種情況時候的狀態。

Eva：是的，比如什麼樣的狀態？

HL：此刻，我的狀態是很平和、柔和，這是一種內在很安靜的狀態；當我遇到某些事情時，大腦會快速運轉，並且浮現很多別人的眼光，身體就會流汗發熱……像是這些狀態。

Eva ：對於緊張，你從流汗發熱，到轉為柔和安靜，它們都是一種能量，這之間你是怎麼轉變的？你有什麼看見嗎？能量不管你給他什麼名字，從肚子的波濤洶湧，和現在的平和柔和……

HL ：這個轉化，我感受到的是和自己完全的連結。

Eva ：嗯，全然的連結。

HL ：之前大腦快速運轉，雖然身體出汗，但感覺自己的身體並沒有被連結，身體的中心也沒有被連結。

Eva ：當你關注他人時，你發覺和你的身體失聯，是嗎？

HL ：嗯，是的。

Eva ：這個發現對你來說有什麼意義嗎？

HL ：剛才當我和身體全然連結時，發現能量很流動，說話、表達都很流暢，沒有了不自信。

Eva ：哈～是的。

HL ：現在和身體還是很連結，很平和、平衡……

Eva ：處在當下這個狀態，我想請你再去看一看別人的眼光，這是你非常在乎的，關於外界的眼光，現在我們來看一看別人的眼光，既然你很在乎，那我們就好好的來看一看。

現在你看到一些怎樣的人？關於那些你說的別人，他們的眼光是怎麼樣的？

HL ：嗯，別人的眼光，好像是除了家人之外的所有人。

> Eva　：嗯，所有人……
> HL　：我突然發現那些別人的眼光，都是我對自己的期待。
> Eva　：喔！哈雷路亞，你看到了真相，哈哈！
> HL　：是的，原來都是我自己的想像。
> Eva　：是的，事實上並沒有人跟你說過希望你怎麼樣，或是質疑你怎麼樣，關於別人的想法，其實都是你的想法。
> HL　：是的，是的，都是我自己的認為。（笑了）

　　覺察制約來自清晰，讓你看清你所認為的問題，背後的真相。

關於不被認同，真正的問題是什麼？

　　在一次教練對話中，我聽到客戶反覆跟教練說他得不到家人的認同，家人扮演著權威角色，讓他感到滿腹委屈和壓抑的情緒。

　　關於「我想要被認同」其實是一個偽命題，它不是相處中真正的問題。

　　當一個人強烈的希望「自己被認可」，然而事實是她先不認可對方。一個不被認同的人，是否還有能力再去認

可對方？

　　當你不認可對方，卻想要被認可；我不認可對方，因為我想要證明自己是對的，而且我希望對方認可我；這才是真正的問題。

　　很多人都想證明自己是對的，於是在關係中總有人需要強調「我是對的，我是對的」；為了「我是對的」就有人需要來扮演「我是錯的」。這樣的互動關係，你感覺有可能好好的相處嗎？

在對話中問心──掙脫自我的束縛

Eva ：你說你不被家人認同，你覺得這是個什麼問題？
　　　這個就是你說的假想敵，真正的敵是誰呢？什麼是你的敵？

YY ：嗯，是我不自覺的想扮演權威……

Eva ：嗯，你看清了癥結。

YY ：是我把我的權威看得太重，我想樹立權威。樹立「我是對的」。每一件事情都希望我是好的，是對的。

Eva ：嗯，有善有惡意之動，你是對的，他就必須是錯的。現在你看清楚了，然後呢？

YY　：嗯，是我在跟自己過不去。

Eva　：你自由了嗎？

YY　：還沒有。

Eva　：你想要繼續假想敵嗎？

YY　：非常不想。

Eva　：是的，你想要的是和諧的家人關係。

YY　：嗯，是的，我處處都想要和諧的關係，處處都渴望能
　　　　與家人和諧相處，但就是自己意難平。（覺察制約）

Eva　：所以你的渴望是擁有和諧的關係，你的目標是在關係
　　　　中不樹立權威。（目標確認）
　　　　那麼，不樹立權威的相關行動，會是什麼？（促進行動）

YY　：嗯，就是不跟我認為的權威產生對抗的關係和對抗的
　　　　心情。
　　　　我發現了每當我遇到我心目中這種權威的人，我就立
　　　　刻樹立假想敵，把自己的權威先擺出來。

Eva　：好的，你不對抗，也不批判。

YY　：是的，如果在生活中，我所說的，沒有人對抗，我會
　　　　比較順從。

Eva　：嗯，順從。

YY　：我的心情會比較隨和。

Eva　：所以你需要沒有人對抗，你就會很順從。

YY　：或是我沒有對抗的情緒，我也會比較隨和。

Eva ：你希望沒有人對抗你，你也沒有對抗別人。

YY ：嗯。

Eva ：現在你看著這個沒有對抗的自己。你依然很權威，只
　　　是你很隨和，你不對抗。

　　　你感覺呢？

YY ：我感覺很好。

　　　如果是我不對抗別人，別人也不對抗我，就沒有了對
　　　抗的情緒，這樣我感覺很好。

Eva ：是的，不對抗、不批判的關係，很美……

YY ：對的。在關係當中，我因為害怕不被認同，所以就樹
　　　立這個權威。

　　　比如在跟主管溝通時，我其實也會害怕自己不被認同，
　　　所以就不自信，於是有了反抗心。

Eva ：很好，你看見了真正的問題，所以別人是否不認同，
　　　就和權威一樣，都是你自己樹立起來的。（覺察制約）

　　　如果有一面清晰的人生鏡子，可以隨時照見內在那些
隱藏的投射和制約。生命將會是多麼不同的活法啊！

Chapter
6

第六力：化解干擾
Clear Obstructions

　　干擾，是由內而外的。內在沒有干擾，外在就沒有困擾。

　　很多人在生活和工作上，天天都有著許多的困擾和煩惱。孩子、家人、心情、天氣、工作、關係、金錢……很多事情都能讓你困頓、煩憂，甚至會因為別人的一句話、自己的一個念頭，瞬間情緒升起，就干擾了你的思考和行動。比方，老闆的一句話，讓你情緒起了變化；配偶的一句話，加劇你的情緒起伏；孩子的功課不理想，成了最後一根稻草，讓你理智斷線無法控制情緒。

　　一個人每天要經歷這麼多的情緒，還要受到身邊許多人的干擾。真不知道怎麼做才能活得心平氣和不被干擾？

　　人生的喜悅、快樂、自由、自信、平靜、和諧……這些美好的生命品質，真的能活出來嗎？我的答案是肯定的，如果你有化解干擾的生命勝任力。

覺知隱形的制約、清晰心智，化解干擾

　　人生之所以有許多煩惱，大多是來自心智模式中的限制性信念。

　　如果我們對這些隱形的制約缺少警覺，那些內在的制約就很容易給你的生活、生命、生涯帶來煩惱和障礙。

 在對話中問心──化解干擾和障礙

在下面的對話中，我們來看看覺知如何化解一個人內在的干擾和障礙。

JJ　：我想要清晰的看見自己，然後走出自己的路。

Eva　：好的，妳想要清晰、走出來。當妳說走出來，妳想從哪裡走向哪裡？

JJ　：我現在還困在裡面，想要走出來其實是跳出來。

Eva　：裡面是指什麼？跳出來是指什麼？我們先清晰一下妳的現況……

JJ　：裡面是指我還在恐懼中，跳出來就是沒有恐懼了。

Eva　：所以妳的期望是，從妳的恐懼中跳出來。

JJ　：對的。

Eva　：好的，現在請把妳的眼睛閉起來，剛才妳說……恐懼
　　　在裡面。現在我們從裡面去看看這個恐懼……我們一
　　　起把它看清晰。聚焦才能清晰，現在我們不看別的，
　　　就只看妳的恐懼……妳說妳困在恐懼裡，現在我們來
　　　感受一下恐懼中的JJ……妳看著自己慢慢的走進恐懼，
　　　又再慢慢的走出來……看見了嗎？

JJ　：是的，我有看到……

Eva　：好的，妳清晰的看見了關於妳和恐懼的關係，妳有什
　　　麼想分享的嗎？

JJ　：有，我發現恐懼其實是我的迫害妄想症。我有一個假
　　　設是說「男性一定會傷害我」。

Eva　：這個發現帶給妳什麼？

JJ　：我發現恐懼完全是自己的大腦創造的……

Eva　：很好，這是一個非常重要的生命真相！這個發現和清
　　　晰對妳的人生目標有什麼意義和說明？

JJ　：我覺得我已經走出來了……

Eva　：恭喜！妳的目標實現了！妳已經從裡面走出來了……
　　　妳現在已經看清晰了，而且走出來了。

　　人在不清晰的心智中，很容易產生干擾性情緒。透過以上的對話，你是否發現人的情緒是怎麼產生的？當人的情緒化解後，他的心力就會瞬間提升，內心的力量就是人的生命力。**心力的提升，是來自化解干擾。**

化解干擾的生命狀態，做一個人生的清晰者

　　當你站在鏡子面前，無論你穿著什麼樣的衣服，臉上是什麼樣的表情，站在鏡子前，鏡子只是如實反映當下的你。

　　當你離開，鏡子即恢復空無，鏡子不留任何人的身影，像是繁花落葉不沾身、沒有拉扯。

　　鏡子像是我們內在的清晰者，照見和看清人的自我，當人真正的看清楚自己，在你心中的任何渴望和目標，自然而然就會驅策你去行動。

　　人生的境界就是活出鏡子的狀態，千帆過盡都是船過水無痕，風風雨雨中都可以不受干擾。

　　有四句宋代的禪詩，我很喜歡：「竹密不妨流水過，山高豈礙白雲飛。萬花叢中過，片葉不沾身。」其中的意思是，山雖高，不妨礙白雲在天空自由飛翔；竹很密，水還是能自在流過；人從繁花中走過，一片落葉都不沾在身上。

　　我有個學生，在工作關係中糾結了很久，她說自己工

作過度，不喜歡現在九九六（早上九點到晚上九點，一週工作六天）的工作模式；平時與同事的溝通過程，總覺得不能充分表達自己。有一次在我們的輔導對話中她說：「我決心要過處在當下的生活，不將就、少用腦。」

她想要化解的干擾就是太用腦、太將就、不處在當下。

處在當下、不將就，是她在當下的醒覺，然後在醒覺中她的干擾突然消失了。

化解干擾是「致良知、心即理」的過程

陽明心學著名的四句教：「無善無惡心之體、有善有惡意之動、知善知惡是良知、為善去惡是格物」，這四句教一語道出了生命如何活得清晰明白的路徑。

45 歲的 HH 來找我輔導，她說：「有一天我給媽媽打電話說晚上要回娘家吃飯。當我回到家時，看到媽媽躺在沙發上看電視，也沒幫我準備飯菜。我就想到妹妹每次回娘家，媽媽都會準備很多飯菜，很熱情。瞬間我感覺比起我，媽媽對妹妹更好，覺得媽媽不愛我，心裡產生了很多情緒。」

當 HH 說到她對媽媽的感受：「她不愛我」，這個感受（失落感、有情緒）是來自她對媽媽的行為進入的分析（觀點、認為），這是「有善有惡意之動」。

　　究竟媽媽對她是愛，還是不愛？她從媽媽的行為和語言進行了比較。比較就會產生批判，然而**生命的真相常常不在對方的言行中，而在於下判斷的人自己的心智模式。**

　　我引導 HH 深入了解自己情緒與觀點的原因和內心的期待，她清晰的看見來自大腦「有善有惡意之動」的種種起伏，她也發現自己的內心會出現這麼多的想法和批判，都與期待和渴望有關。

　　期待引起比較，比較帶來批判，批判產生失望，失望創造受傷；人在不知不覺中就被自己的種種假設給傷害了。

　　愛或是不愛？這是一個讓自己和家人關係陷入二元對立的陷阱。愛一旦進入比較，就不是愛。**愛是了解和理解，不是認為和批判。**

　　我們對愛的覺察和理解，來自「知善知惡是良知」，良知可以清晰愛。

　　致良知讓 HH 明白：這些受傷都是源於自己的認為，我可以這樣認為也可以那樣認為，而真愛不是認為，是誠實的溝通，真實的了解和諒解。

　　大腦的功能和運作一直都是有善有惡的二元對立，總有那些是是非非對對錯錯的各種念頭，時而肯定自己和他人，時而又否定自己和他人；這是創造糾結的大腦。

　　王陽明所說的「致良知、心即理」，是一個有覺知清

晰者的大腦。心即覺，當大腦與覺知同在，就是心腦合一，
就會為善去惡，就可以化解干擾、離苦得樂，良知能夠覺
知二元、轉化對立。

　　致良知使大腦從有善有惡、來到知善知惡，並且為善
去惡；轉化成為有覺知的心腦。良知是生命的智慧之光，
使我們的生命狀態平和而穩定。

　　被輔導後的 HH，開心的笑了。

 在對話中問心——覺知見心，化解干擾

化解干擾的提問是釜底抽薪直指核心，引導人回到當下了解
現況，經由醒覺清晰的明白自己真正的需求是什麼，可以做
什麼，可以放下什麼。

FF　：最近公司給我們團隊派來了一位新主管。幾個禮拜下
　　　來，我們團隊的人都感到很難適應。如果拿他跟前主
　　　管比較，他各方面都不如前主管，大家背地裡吐槽不
　　　斷，原來很和諧的團隊氛圍變得越來越負面。我是 HR
　　　出身，不想看到團隊變成這樣，但是我自己跟新主管
　　　也有很多不愉快，我也不認同他的很多做法。現在我

真不知道該怎麼辦……

Eva ：首先，讓我們從組織的3P（People 個人，Position 角色，Performance 績效）來看看。3P 關注的是，你這個人以及你在組織裡的角色和績效。關於人，你提到了兩三次，你是醒覺者。一個醒覺者在組織裡想要發揮的功能。我想問，針對你的角色，在你們的組織裡，從你的角色，也就是你的職位，你的職責，「績效」對你來說是什麼？

FF ：針對角色的話，我在部門裡是一個行政管理的角色，當年前主管帶我過來時，要我跑業務之外，還要幫他分擔部分的團隊管理工作。

Eva ：所以你現在對組織的貢獻偏業務和團隊管理是嗎？

FF ：是的，團隊管理和業務可能 50 對 50。

Eva ：了解。以這 50 對 50 的角色和責任，以及你對組織的重要性，你的績效會是什麼？也就是說，以現在你所說的組織現況，如果透過你提出績效的話，你覺得將是什麼呢？

FF ：關於績效，我的績效表現和主管的要求，有時候不完全一樣……

Eva ：我了解。我還蠻想知道你對自己的期待。你們組織現在處在一個改變的狀態，你感覺有些為難，新主管的狀態可能也不是短時間就能改變的，但是我從你的角

色看，你心中有個理想，你想要幫助大家改變現況，
那麼如果有個成果會讓你滿意的話，會是什麼？

FF ：對的！老師就像您說的，其實是我對自己有期待。
如果從職責上來看，我是團隊管理，不需要承擔團隊
績效的責任。但是我看到團隊的現況，我是 HR 出身
的，對人比較關注，我期待看到團隊融合，每個成員
的正能量都有所提升。所以我對自己的期望就是……
（略）。但我對角色要很清晰，不要給自己太多壓力。
我要給團隊注入正能量，我能做到多少就做多少。

Eva ：好。我們來確認一下，從你的角色，以及你心中的希望，
在目前的組織狀態中，你想看到的成果是：將正能量
注入組織團隊，是這樣嗎？

FF ：是的！

Eva ：好的，因為你的處境現在是有些為難，新的主管有他
不太覺知的地方，小夥伴有他們需要吐槽的需求，依
照目前組織的處境，和你的角色及期待，你覺得有哪
些行動？可以達到你想要的成果？哪些是你想過有覺
知的行動（Awareness Action）？

FF ：對，經過老師這樣的一個 3P 的釐清，讓我再一次檢視
自己行動，我感覺少了很多頭腦的干擾。我覺得首先
是自己。我自己要保持清晰、要持續醒覺，還要放鬆。
我覺得放鬆很重要，我想要以這樣的心態，這樣的能

量狀態，進到組織裡。

Eva ：好的，當你提到放鬆狀態，我們來看一下你所處的環境。
譬如說你有提到，新主管在昨天的會議裡，他跟兩個人
在那裡聊著，你覺得他的行為非常不符合大家的期待。
如果在那當下你是處在放鬆的，感覺一下你的行為，
可能是什麼？

FF ：對……昨天那個場景有很多人，大家都有工作，當他
在那裡閒聊時，我連結到的，還是挺反感的……

Eva ：請你再連結一下你的放鬆。想想看，有可能你天天都
會碰到這種情況。你剛才說對你而言放鬆很重要。如
果你是在放鬆中看著你的主管和夥伴，你的狀態、行
為會怎樣？

FF ：我發現我滿難放鬆的。

Eva ：是的，這就是組織對你的生命意義了！感覺一下。如
果此刻你蠻難放鬆，當你回到公司遇到狀況，是否也
是蠻難放鬆的？我們的人生目標和所有理想，如果想
要實現，都跟你的每一個行動有關。現在我邀請你，
向內體驗看一看，你如何達成你的心之所向？你會怎
麼幫助自己放鬆呢？

FF ：嗯，我在連結自己的「鬆」……我感覺到此刻鬆下來
了……好像是一種空的狀態……如果我在這種空的狀
態，看到主管在跟兩個人；他們在聊天，其他一屋子

的人都盯著他們……

Eva　：你覺得你會怎麼樣？

FF　　：……我會保持沉默。是的，在那個場景中，其實我只要保持沉默。在沉默中，沒有情緒的，只是看著他們，或者，我會自己做一些事情。

Eva　：很好，現在我們出現了清晰，對你來說是，在組織中，當主管表現出讓你們不認同的一些行為時，你會放鬆和放空；放空你的評斷，放鬆自己的身心去做自己的事……你當時需要做什麼，就只是去做你要做的工作，這是我們得到的清晰，你覺得這是不是給組織注入了正能量？

FF　　：是的！我喜歡這樣的正能量。（笑了）

　　　　我會帶著一份自在、順從當下的心情去工作。我也許會一直遇到有問題的主管，或是愛抱怨的同事，但是我可以自在隨和的做好自己的角色。這是我想要的。

　　每個情緒的背後，都是觀點和認為。許多人在關係中，積累了很多的情緒，有時候不敢講、有時候不想講、有時候想講卻不知怎麼講；然後這些觀點和情緒就日積月累的成為心情上的暗潮洶湧；一旦忍不住講出來時，就傷了自

己也傷了他人。

人生所有的情緒和觀點都像是走在花叢中的落葉繽紛，我們可以不跟隨，如果跟隨了你就進入有善有惡、誰對誰錯的分析，如果生命沾上這許許多多的落葉，關係就變得沉重不堪。

一旦陷入沉重，就很需要覺察制約、化解干擾的能力。**人的情緒都是由自己的看法而產生的。當看法改變情緒就立刻化解，內心的力量就會瞬間提升。**

心對話，是覺察制約、化解干擾的法門

人人心對話，是我們每天的行動，是經營覺知關係的生命狀態。

此刻我們讓自己靜下心來。當你的身心腦都處在當下，我們進入任何話題，都是一場心對話。

我們的身體，一直在當下。

我們的心情，可能滯留在過去的某個感受。

我們的心智，承接著無數的生命過往。

我們的心聲，一直在當下，可是你無法聆聽。

我們的大腦，在哪裡？總是在想過去、想未來，一直不在當下。

🎵 在對話中問心——自然而然流向心之所向

心對話，是由內而外自然流動，是你的生活方式與生命狀態，
是處在當下的生命發展對話，是覺察制約、化解干擾的法門。
透過以下的對話，我們一起來感受。

IC　：我想談談我的工作計畫。

Eva　：嗯，跟你的工作有關。

IC　：我在家裡有了理論與實踐，我想要走出去看看。

Eva　：嗯，你想要走出去，行動，但是不知道怎麼計畫。在
　　　　你熟悉的人當中有人知道怎麼計畫嗎？（運用支援）

IC　：有的。

Eva　：如果有人知道怎麼計畫。你和這些人是什麼關係？（了
　　　　解現況）

IC　：是我的指導老師，還有一起做這個事的人。只是那些
　　　　人都是各自做各自的。

Eva　：你想知道怎麼計畫，你會跟誰討論？有誰對這類的計
　　　　畫有經驗又很清晰？

IC　：有的，就是我的指導老師，但是我還不能完全的認可
　　　　他……

Eva　：好的，了解。所以你的現況是，經過一個月的時間，
　　　　你在家裡有很多學習，也有一些線上的行動。現在你

　　想走出去，拓展你的行動、發展這個事業。你說這個
　　工作，是需要發展和做規畫。但是因為自己沒有經驗，
　　就需要有人指導和討論。現在可以跟你討論的人，他
　　的做法你不太認可；你想尋找你自己的做法是嗎？

IC　：對的。

Eva　：我們先閉上眼睛，放鬆身心；依然是端身靜坐。（進
　　入問心）
　　如果這件事情就只能靠你自己，你得去創出一套做法。
　　從你自學到此刻，你也沒有人可以問，現在我們來問
　　問自己的內心。問問內心的安定、安心和渴望。當你
　　渴望自己走出去，可以讓你安心的行動是什麼？

IC　：我想更多的了解相關理論，在專業上更扎實。這樣我
　　會更安心，更有底。

Eva　：你想增加專業能力，這是第一個由心出發的行動。這
　　個行動是為了提升專業，建立信任。

IC　：對對。

Eva　：所以怎樣才能提升專業呢？提升專業的行動是什麼？

IC　：有各種資料，各種資源。

Eva　：你感覺，你的專業從一分到十分，自己大約是幾分？

IC　：四、五分吧

Eva　：好的，四、五分，如果要建立信任，你覺得需要幾分？

IC　：要到七、八分。

Eva ：七、八分的話，這三到四分之間你所需要的資料、方法，
　　　你都有嗎？

IC 　：嗯，差不多，都有了。

Eva ：如果都有了，你打算用多久時間讓自己達到你想要的
　　　專業狀態？

IC 　：大約一到兩個月。

Eva ：好，現在我們安靜下來，繼續問問自己的內心，這是
　　　不是你今天想要的行動計畫。就用一到兩個月的時間
　　　來提升自己的專業，在接下來這一到兩個月的時間裡，
　　　你的行動是進行閱讀、收集、分析和表達，這樣的工
　　　作狀態你感覺一下，是不是你想要的工作計畫？

IC 　：對的，這是我想要的。

Eva ：那麼今天你想要確定的計畫就完成了，你感覺呢？

IC 　：嗯，是的。

Eva ：你還有什麼其他的需求嗎？

IC 　：我是想利用業餘的時間去學習，提升專業，但是還是
　　　要走出去，去和別人面對面的交流。

Eva ：你希望用業餘時間提升專業，然後你也希望在目前的
　　　專業狀態中，走出去跟人交流，是嗎？

IC 　：是的。

Eva ：那麼，你就以你現在所知的專業去跟人交流。你感覺
　　　一下，你去跟人交流的狀態。看看你會和人怎麼說，

還有你想跟哪些人交流？

IC　：依照我現在的狀態，當我跟別人交流時，一些表面上的東西我是能說的，專業的、更深的我就不知道了。所以我會找一些比較容易溝通，我比較有把握的那些人。

Eva：走出去和這些人交流對你的意義是什麼？

IC　：嗯，我想知道自己到底能不能做到。

Eva：好的，除了走出去，我們也可以和自己完全的確認……當下，先感覺你的思考完全的靜下來，當你說著這些事、這些人的時候，感覺一下你的身心腦狀態……你的狀態是你想出去見這些人，現在從你的心裡去看一看這些人。他們是你發現的一群有需求的人，你可以在心中跟他們先建立連結，用你目前的專業，去跟他們做說明，你可以說明白，說得通。（心之所向）

IC　：嗯嗯，我有感覺……

Eva：從當下你的感受出發，你跟這些人的行動將會是什麼？

IC　：我今天就有一個約好的行動，下午五點會去見一個客戶。為了讓他了解，我會當著他的面做一個實驗，然後做解釋和指導。

Eva：好的，在你去之前，先感受一下待會五點的這個約會。你對他的感覺是什麼？你對自己的感覺是什麼？

IC　：我感覺自己有四分的專業，我就做四分的事，雖然不太有把握，有點生硬。但是我想要突破！（心之所向）

Eva ：現在就是你在自我準備的時間，你感覺自己看見了這個「生硬」，也聽見了自己想要突破的心聲……在你內心有點緊，也有點鬆。你是連結緊，還是連結鬆。你的專業是四分，還是七分，都是你的認定。

IC ：是的，對的。

Eva ：但是當下的緊和鬆，卻是真實的。

IC ：嗯、嗯。

Eva ：所以此刻我們來連結你的緊和鬆。你可以帶著「緊和生硬」去見那個人。也可以帶著「鬆和愛」……在你的內心，你希望帶著怎樣的能量去見那個人？

IC ：我內心其實是有自信的，我心裡很想幫助那個人，他家人很善良，他們常在幫別人，我也想要幫他們。我感受到我的心，很想讓他們都好的那顆心。（心之所向）

Eva ：我了解，所以你想要帶著那顆全然的心，去見那個善良的人。

IC ：是的，對的。

Eva ：好的，所以你會帶著內心的力量，專業是你外在的能力，那顆心是你內在的心力。

IC ：嗯、嗯。

Eva ：很好，這是你當下的準備，還有待會兒的行動。如果我們的對話進行到這裡，你可以在這裡做一個回饋嗎？

IC ：可以，我感覺自己非常清晰。

Eva ：嗯，很清晰。

IC　：對，我清晰了自己的現況，也清晰了自己的目標，還
　　　清晰了對方。這樣的話，對我來說是一個平衡的狀態；
　　　我按照這樣的狀態去規畫我的未來，就不費力了。我
　　　想讓自己的人生就這樣不費力的往前走。（心之所向）

Eva ：這個不費力是因為你跟你的心力有連結了。

IC　：是的，是的！

Eva ：好的，恭喜你。

IC　：非常謝謝老師！

心對話中會出現很多的心之所向，當心門打開，你將
越來越清晰的聽見內在心聲。當人的內在干擾被化解，就
會自然而然的在心之所向中行動；這樣的生命狀態是人人
所渴望。

活在不被干擾的生命狀態，是淋漓盡致的活、毫無保
留的愛，活出每一天的自由、快樂、相愛。

願所有人都能活出這樣的生命狀態！

PART 2

向外確認目標，實現績效

Chapter

7

第七力：確認目標
Confirm Passion and Plan

　　目標是人生中的各種需求和追求的具體呈現與實現。

　　無論做什麼事都沒有好壞的區別，只是需要和自己的內心確認我這一生到底是為何而來？

　　這個為什麼，很需要真實的了解自己。人生匆匆幾十年轉眼即逝，過去的已經過去，未來還不可知，每天你怎麼想，就會怎麼做。我們其實都不缺能力，但是人生方向到底是什麼？才會全力以赴沒有遺憾。如何活得心安理得，對你來說，那是什麼？

第一是清晰

　　看清是什麼在影響家庭生活的品質、影響生涯的發展方向、影響生命的存在意義。這些你一定要去明白去清楚，你可以透過一對一的心對話，使你的人生越來越清晰。

第二是發展

當你清晰的了解自己之後，不管是生命，還是生涯，都要去發展、去行動、去實現、去達到你「吾願無悔」的目標。

當目標清晰了，我們去達成目標，也是需要時間的。無論是生活，還是生命、生涯，都是我們的長期目標，在這個長期發展的過程中，會有你需要持續學習與成長的內容，也許你還不知道那都是些什麼。

也因為不知道，所以不清晰，因此無法看清楚自己的現況，也無法當機立斷、即知即行。人生有很多重要而不同的能力，東方心學的學習指向「全生態」發展的能力：當我們擁有了生命，生活怎麼活？生涯怎麼做？這是有關全生態的生命狀態！

你的生活方式影響你的生涯發展，你的生涯發展決定了你的生命狀態！三生有心，是我們的全生態！作為你自己，我們怎麼活好這個人，需要一些核心能力，這些能力透過一對一對話還不夠，一對一對話是讓你更了解自己，還不是教導怎麼活自己，所以第二步的發展會有生命的教導，實修實證的發展，做自己、活自己、懂自己，這是有系統的核心能力，需要透過持續的學習和練習。

　　這些學習和練習加上你有了清晰的人生目標，這樣就是有方向、有方法、有方案了。這是自我探索、自我發展、自我實現之道！

　　所以，**第一步是先清晰生命目標，第二步是學習生命勝任力**。這不只是你的生命技能，而是發展整體生命狀態、有關全生態的學習。

生命和生涯的發展，是由內而外、內聖外王的歷程

　　我們內在的覺察和覺知處在清晰的狀態時，你生命中的所有熱情和渴望、使命和願景也會變得非常清晰。你會很清楚自己想做什麼，擅長做什麼，願意做什麼，這些內在的清晰感將會一一形成你外在的人生目標與實現。

　　有許多人之所以目標難以實現，最主要是他們在大腦中所思考的目標不同於本心的目標，其中不同的，就是目標本身的意義、熱情和堅定。

　　確認目標的過程，不只是需要思維的主導。除了分析能力、釐清需求、完成任務，更重要的是要從心出發，問心力、問願力，讓每一個目標的確認，都符合我們的三生：生活、生命、生涯的意義，以及使命和價值。這樣的目標，確認時清晰，執行時輕鬆，每一次完成時，都值得慶祝。

　　當我們具備前面六個生命勝任力，你就能做自己的生命教練。經由內在的醒覺來到外在的清晰，實現種種理想和目標。

 在對話中問心──確認目標實練 1

Eva ：你可以閉上眼睛，把注意力放到自己身上，回到昨天晚上，你很興奮的和我說著你的心之所向，就把那個能量、心情、渴望整合在當下。（對方流淚）
　　　我們一起進入心，這是你這麼久以來的渴望，你會有一些心情，現在先說說你的感受。

KK ：百感交集……

Eva ：百感交集，是的。如果將你的心之所向轉為一個目標，這個目標中有你的熱情，也有你的渴望，這個目標是什麼？

KK ：我想到的是一個藍圖。我想要邀請大家共同去勾勒一個藍圖，我既是邀請者，也是共創者。這幅藍圖會聚焦在心女性和心家庭，從這個入口去整合產品、市場、運營，還有我們的體系──慧員系統；也希望這個行動可以帶動其他項目的進展。

Eva　：好的。建立產品、市場、運營、體系，這是你的目標，
　　　　也是整體的大方向，目標的實現需要持續和有效的行
　　　　動，你覺得我們今天可以聚焦在哪些行動？

KK　　：我感覺有兩個方向的行動，一是對我自己，二是對大家。
　　　　對自己，需要持續的增加自我了解和覺察，自我賦能，
　　　　提升心力，發展穩定和堅定的生命狀態和力量，時刻
　　　　充滿心力、行動力。
　　　　對大家，是透過我主動的發出邀請，溝通連結，去形
　　　　成共創的局面。我相信共創中會有很多人共同的參與、
　　　　共同的需求，通過實際執行來促成更大的目標。

Eva　：心女性和心家庭的團隊，你目前已經做的是什麼？你
　　　　還想做的是什麼？

KK　　：目前做的我覺得還可以更多。已經做的是自我準備。
　　　　這幾天開始接受到來自大家的支持，所以想要增加和
　　　　大家的互動與連結。

Eva　：是的，敞開擁抱和支持，我剛才看到了你和 WY 的擁
　　　　抱，還會有更多的擁抱……你將要和很多人建立共識，
　　　　從共識來看共創。

KK　　：是的。專案方面，目前做的就是跟人溝通，也約了接
　　　　下來想要溝通的人。我看到自己發力的樣子，很像是
　　　　用心教練加上視覺引導。

Eva　：你覺得 PDCA[2]（Passion-Plan / Do / Clear / Awareness

Action）可以帶給你什麼？關於目標和願景，你需要
PDCA^2 嗎？

KK ：我覺得非常重要。

Eva ：為什麼 PDCA^2 對你很重要？

KK ：在組建小組的過程，我發覺 PDCA^2 對自己、對別人都
很有幫助。但是我用 PDCA^2 幫助自己比較少。PDCA^2
這麼好用，我也想要成為受益者——讓自己一直保持
清晰、有效。

　　同時，我還想在項目中用來支持每一個人，因為我非
常能體會行動帶來的力量是來自於 PDCA^2 過程中的
Awareness Action。

Eva ：所以你想用 PDCA^2 幫助自己做專案的推動，是嗎？

KK ：是的，這是剛剛感覺到的清晰。

Eva ：你想要多久進行一次呢？

KK ：這個階段我感覺需要每週一次。

Eva ：我們今天的 PDCA^2 進行到這裡你的感覺如何？

KK ：關於剛才 PDCA^2 的成效，我很平和的感受到自己的信
心，以及將要採取行動的穩定力量。

　　非常謝謝老師。我很想感謝老師，因為您讓我們發展
了三生有心，我希望這個專案的初心是繼續發展所有
人的三生有心。

我在企業做教練時，常常看見幾乎有八成的人無法達成目標。因為有許多人其實都不清楚「確認目標」對自己的意義是什麼？!

確認目標，是和你的內心確認，這個目標是你的心之所向嗎？

這個目標和你內心的渴望、熱情有關連嗎？

目標不只是一個數字，也不只是你的工作任務，目標更是你的熱情和理想。**我們的生命發展是透過和確認目標有關的行動來實現你的人生理想。**

 ### 在對話中問心──確認目標實練 2

我輔導過一位教練關於想要獲得專業認證的對話。在對話前，她的信心比較弱，懷疑自己是否可以獲得認證，不清楚目前要怎麼做，處在行動停滯不前的狀態。

Eva　：心教練做的是專業助人。在妳的心中，妳覺得一個教練的專業程度有多重要？

PO　　：很重要。

Eva　：妳感覺妳現在的專業狀態如何？

PO　：我覺得如果我現在要去支援客戶的話，我知道我很想
　　　要專業助人，我感覺我的心態和狀態都準備好了。

Eva　：嗯，很好，所以妳已具備了心態和狀態，但還不明確
　　　自己的專業程度到哪裡了？

PO　：對的。

Eva　：那麼專業認證的意義是不是也在這裡？

PO　：嗯，是的。

Eva　：所以針對還不確定自己的專業程度，就可以透過認證
　　　來幫助自己的清晰感，這是認證的意義。這個意義對
　　　你而言清晰了嗎？

PO　：清晰了。

Eva　：那這個意義對妳有多重要呢？知道自己的專業程度，
　　　這對妳有多重要？

PO　：嗯，老師您說到這兒，我就忽然想到，如果不去認證，
　　　那麼專業的水準自己再認可都沒有確定感和說服力。
　　　我記得您說過，以前有人跟您說：「妳一定要拿冠軍，
　　　這樣才能證明妳的教練方法是有價值的，是嗎？」

Eva　：嗯，是的。

PO　：是的，此刻我連結到這個場景。冠軍的意義和力量是，
　　　它可以證明我對人的幫助是有效的。

Eva　：所以認證對妳來說呢？它的意義和價值是什麼？

PO　：對了，是助人，和我是有用的。

Eva ：嗯，相信妳是對人有用的。

PO ：這個可以增強我的信心。

Eva ：提升信心，也是對妳的意義。一個助人者的信心，是
很重要的。

PO ：老師，還有就是關於專業本身，我曾經有一段時間想過，
我也沒學過什麼專業，大學學的專業，也沒用上。有
時候我非常羨慕有一技之長的人，您剛才在說的時候，
我感覺到「專業」讓我有心跳的感動。

Eva ：嗯，心跳與心動，心動與行動，所以妳想做什麼行動呢？

PO ：那就是好好認證。

Eva ：好好認證是一種心態。行動呢？

PO ：現在就去補足那些還沒有達到的。例如：被教練的次數、
做教練的次數。對，我就專注做這些。

Eva ：妳期望多久的時間來完成？

PO ：年底，12 月份。

Eva ：這個時間妳是怎麼定出來的？

PO ：嗯，我大概算了一下，如果半個月一次教練的話，差
不多要到 12 月才夠認證的次數。所以還不能是半個月
一次，還得再稍微多一點。

Eva ：嗯，很好，這是經過妳清晰的對照出來的，到年底是
有可能的。為了確認自己的專業，加強自己的信心，
妳有了認證的規畫並且開始行動。

　　最後請說說妳的感受，我們準備結束。

PO　：嗯，現在挺開心的。

Eva　：嗯，挺開心。很好，開心的去認證，恭喜恭喜。

　　確認目標，在一一問心的過程中，逐步發覺什麼是你真正想要的。

🎯 在對話中問心──確認目標實練 3

EL　：所有的關係裡我感到比較吃力的是跟我女兒的關係，為此還發過脾氣。我想要提升的地方是，我現在轉換了一個新的理解，其實我要把她當做她自己的生命去看，而不是以我的生命，放進去很多我自己的期待。

Eva　：我聽到妳對她的期待，和妳很想要尊重她。

EL　：對的，所以我覺得這讓我們現在的對話變得輕鬆、更有品質，但是比起我跟其他關係還是感覺累一些。我覺得如果「不累」會是一個很好的狀態。我的大腦告訴我，可能因為我是她的媽媽，所以在這個角色裡常會跳出很多的比較和預設；其實我最大的問題，最大

的情緒,是著急。

Eva ：著急,妳跟她在一起時會著急。

EL ：其實我不一定表達出來,但是這個著急的背後,我感覺我就是很怕自己幫不到她。

Eva ：很怕?!

EL ：還有就是一種很努力的感覺。

Eva ：很努力!

EL ：對。比方說,有時候我跟朋友、同事之間,會覺得比較無所謂,這個目標做得到就做,做不到就在過程中學習,我覺得這種狀態是好的,我也想把它帶到跟女兒之間。但是我感覺我們之間的角色可能就是有一些限制,我比較難實現,還挺用力的。

　　我很想去探討如何做才能讓我跟女兒的關係,也像跟其他關係一樣輕鬆,希望她能感覺到。對此我急,她也急。

Eva ：了解了。

EL ：感覺現在我就卡在這裡。

Eva ：你在急什麼?當妳跟女兒在一起,妳急什麼?

EL ：我急什麼……有很多的想法。比方說,她現在是很關鍵的 13、14 歲。到底是要送出國,還是不送出國,將來要學些什麼好?她是不是已經找到自己的想法了?我覺得我已經有了一個改變,就是不去設定時間……

Eva ：嗯，妳已經確定了，放下設定時間。

EL　：但是我急的是，好像看見一個小孩走路還跌跌撞撞的，
　　　就想衝上前⋯⋯

Eva ：妳看著她跌跌撞撞。妳想怎麼做？

EL　：就想要去幫她一下，避免她跌倒。

Eva ：妳想要她不跌倒。

EL　：這樣她可能會快樂吧。

Eva ：所以妳想用妳的能力，因為妳不跌跌撞撞，讓她也不
　　　跌跌撞撞。因為她跟妳的年齡不同嘛，她正處在跌跌
　　　撞撞的年紀。

EL　：對。我就覺得很想付出、支援她。

Eva ：付出！

EL　：關於她真正需要的，我現在也意識到，就是不要跳出
　　　去幫她，這並不是她要的。我已經明白了。

Eva ：你明白了。

EL　：以前是完全不明白的，現在我覺得能想到這一點。所
　　　以我現在挺鼓勵她，跟她說，妳有事都可以跟我分享，
　　　讓我知道妳需要什麼。但是有時候沒聽到她的回應，
　　　就覺得是不是她沒懂我的心，就會跳出去，就會著急。

Eva ：妳跟女兒的關係，除了想要改變她，妳最想改變妳自
　　　己什麼？

EL　：我自己的改變？我希望我能很清晰，知道怎麼跟她相

處，我可以做些什麼？

Eva ：妳希望清晰（確認目標）。

EL ：對，我經常不太清晰。

Eva ：在清晰中妳就會知道怎麼幫助她，妳可以做什麼？

EL ：對，和不做什麼。

Eva ：好的，現在妳知道目標了。請把眼睛閉起來，先放鬆自己……如果此刻有清晰的話，請跟妳的清晰建立同在。妳說最想要的是清晰。妳說如果妳不清晰，就會急著給女兒建議，跟她分析，想要幫她做這個做那個。現在妳是清晰的，處在很清晰的狀態，我們向內觀，和自己的清晰連結上……處在當下、妳就感覺到清晰。好，現在我們從清晰出發。

在清晰中，妳覺得妳的下一步是什麼？

EL ：對我而言嗎？

Eva ：是的。

EL ：當我清晰的時候，我很了解她真正需要什麼，也可以非常快的就互相連結，而且挺輕鬆的建立起對話。

Eva ：當妳清晰，妳會跟她很連結，會很清楚她需要什麼？

EL ：對的。

Eva ：現在妳很清晰，妳是可以跟她連結，妳覺得她最需要什麼？

EL ：她需要被聽到……

Eva ：她需要被聽到，這個需要被聽到跟妳的關係是什麼？

EL ：連結。

Eva ：連結之後她將怎麼樣被聽到？

EL ：我浮現的畫面是，她會毫不猶豫的愛我、與我分享。

Eva ：是的。

EL ：其實她可能希望尋求我的認同，或者她也會提示一下，詢問我的意見和建議。

Eva ：妳們的關係和溝通都比較良好了。

EL ：對的。

Eva ：所以清晰就像妳所說的，對妳很重要，對她也很重要。

EL ：是的。

Eva ：妳感覺看看，剛才妳是怎麼達到清晰的？

EL ：放鬆。

Eva ：是的，妳放鬆了。

EL ：對的，沒有用什麼方法，就連結一下我自己比較清楚時的那種狀態，在放鬆中保持一定的……發覺……

Eva ：是的，你發覺到了放鬆。

EL ：對！我越放鬆的跟她對話，就能下載很多東西，會很快的連結和回饋。對，這種溝通狀態特別舒服。我現在就有這種很舒服的感覺，所以我希望能跟女兒也形成這樣的關係。

Eva ：那麼妳再看看和女兒一起時，妳會怎樣來放鬆？

EL　：放鬆……

Eva　：妳說過，一放鬆，妳就變得清晰，然後妳們之間很連結，然後也不用什麼方法，自然而然的就知道。妳說她需要被聆聽，妳知道了她的需求，妳還知道什麼對她最重要，妳很想去做，就只是單純的陪伴。妳覺得我們今天的討論，此刻妳的清晰，妳跟女兒的關係，對妳的意義和幫助是什麼？

EL　：我覺得意義和幫助就是清晰。我非常喜歡清晰的狀態，因為很乾淨沒有其他的，而且很舒服。像您說的，很多時候是我自己的混亂、著急、不清晰才導致了對方的混亂、著急、不清晰。我覺得對我來說是很直接、也不複雜的事，這就是我自己的一個目標。

　　如果是確認目標的話，我覺得的確是的，過程中可能有很多方法，但我發覺對我來講比較有效的是先放鬆下來，然後讓自己產生自然的流動，這樣她就可以比較放鬆的跟我來對接。只要這個狀態能接上，我覺得後面就會有自然的發生。

Eva　：嗯，這是一個生命狀態。

EL　：對的。我之前沒有想到，讓自己放鬆是一個清晰的目標。太好了！

Eva　：恭喜妳。此刻妳有了一個清晰的目標，就是關於放鬆。而且妳很輕易就體驗了放鬆、連結，然後自然而然的

聆聽。妳有了目標，也有了美好的行動。

EL　：是的。太好了！感謝老師。

　　聆聽了以上的對話，我們來想一想，生命中有什麼是你想要更清晰的？可以滿足你生命中的渴望、又一心一意真正想要一直去做的？你感覺到自己需要清晰，到底是目標確認的問題，還是生命源頭的追求和探索，你是需要方法，還是方向？

　　雖然工作已經做得很好，但心裡總是有一些不確定感，這就是你需要去探索和清晰的。不然每天忙忙碌碌，花了時間，度過了生命，如果不做著生命終了真正不感到遺憾的事，就需要釐清，讓自己能真的安心。

Chapter

8

第八力：了解現況

Clarify Fact, Feeling and Finding

一個真正了解自己的人，是真正實現理想的人。

確認人生目標的意義和價值，是發展由內而外，實現東方哲學內聖外王的人生智慧。

確認目標象徵著一個人渴望實現的理想，而時間和空間都在未來。

了解現況則是處在當下，看清自己目前需要經由哪些行動來促進目標實現。

知道自己在哪裡，才能從這裡去到那裡

「了解現況」是指和目標相關，針對目標來看自己目前的狀態和情況，這需要有相當的清晰度。PDCA^{2}的對話，對於了解現況、促進行動特別快速有效。

在對話中問心──了解現況實練 1

ZZ ：我想要釐清一件事。我知道有很多人都希望「心教練
　　　的學習」能讓更多人知道並受惠，所以才有心教練的
　　　慧員系統，在這裡有很多讓人學到，並且做到的體驗。
　　　對我個人來講，我很想透過跟人的連結，提升自我的
　　　心領導力。

Eva ：你覺得做這件事情，你的熱情是什麼？你的內心跟這
　　　些事情的連結點是什麼？

ZZ ：我最連結的是，所有人的生命成長都需要慧員系統，
　　　不只是心教練們或我個人，而是眾人的需求，所以我
　　　們去做了這個事情。

Eva ：是的，你很希望能讓所有人的生命受惠。為了實現這
　　　個期望，你已經確認了自己的目標，就是做慧員系統。
　　　確認目標之後，就需要了解現況。看看目前重點做了
　　　什麼，你還想做什麼，有沒有什麼困惑或需要支援的，
　　　你說說看……

ZZ ：目前做的是產品內容，包括提供慧員服務、怎麼去維
　　　繫慧員，以及一些用戶體驗……我們討論了很多版本，
　　　在過程中不斷完善。讓我困擾的是，我想到，當真的
　　　推到市場時，會不會在連結度上仍有優化的空間？在
　　　正式推出前是不是還能再更清晰、更完善？以及怎樣

　　才能讓所有人都感到驚喜，而願意自發性推廣，讓更
　　多人來體驗。這是我蠻想進一步釐清的。

Eva：關於連結與優化，給人驚喜的感覺，其中會包含什麼？

ZZ　：我說的驚喜，是想讓那些正在受苦的人、心教練的親
　　　朋好友、第一次接觸的人，都能感到這對他的幫助很
　　　不一樣，以及體驗到心教練的美妙。

Eva：所以你希望那些沒接觸過心教練的人，當他通過慧員
　　　服務可以產生這種狀態和心情：驚嘆、歡喜。

ZZ　：對的，而我正是這樣被吸引來的。這是我見到每一位
　　　心教練和同學給我的感覺，所以我很希望心教練每個
　　　成員的能量都能在慧員系統形成一個能量場域，不斷
　　　的傳遞給所有人。

Eva：所以在這樣一個美好的藍圖中，是因為我們已經具備
　　　了這些美好的生命狀態。因此你想引進更多的因緣來
　　　此接觸，好讓他們的生命也享受這些美好的感受。在
　　　這個藍圖中，你接下來最關鍵的行動是什麼？你最關
　　　注什麼？

ZZ　：我覺得無論是慧員服務或是程式設計，需要隨時更新
　　　運算。目前更重要的是，怎麼和大家連結與說明，一
　　　起努力讓慧員服務系統上線，然後大家一起去推動和
　　　發展，這是我覺得現階段最重要的。

Eva：今天晚上我們就會有一個這樣的行動會議。所以你希

　　望參與的人、需要更清楚的人，以及所有在場的人，你期待大家可以建立連結，共同發力，這是你覺得最重要的行動，是嗎？

ZZ ：是的，沒錯。

Eva ：好的，今天晚上我們就來一起推展，你覺得如何？

ZZ ：我覺得非常好。（笑了）

Eva ：你覺得我們剛才做的這個 PDCA[2] 對你來說有什麼發生和發現？

ZZ ：之前我也天天在想要做哪些事情，總感覺要做的事情很多。剛剛在一步一步釐清的過程中，在這麼多事情裡面清晰了哪個是最重要的，而且立刻就有了相關的行動方案；這種感覺真是太好了……

Eva ：恭喜你，我們一起做了一個高效的績效輔導，只用了九分鐘。因為你的優秀，我們一起共創這神奇的九分鐘。

我想了解，你為什麼不能了解我

　　有一次我和心教練的孩子們做團體心對話，我問他們為什麼想來參加這場心對話。他們每個人的回答都引得我大笑不已。

他們說：

「我想來看看我媽媽到底在學什麼……」

「我覺得心教練很厲害，我媽媽上課之後對我變得很有耐心……」

「我想來了解，我媽媽為什麼不能了解我……」

孩子很輕易就吐露了心聲，而父母卻很困難，這些爸爸媽媽的困難，會不會讓漸漸長大的孩子也變得和他們一樣難以表達自我？

 在對話中問心──了解現況實練 2

Eva ：我聽說妳剛從西藏回來，你們是全家一起去的嗎？

SS ：是的。

Eva ：可以分享你們在西藏的一些發生或是妳的心情嗎？

SS ：西藏的整個旅程，我覺得是愉快的。但是我也覺察到，我們不是一個融洽的家庭。

Eva ：喔～是發生了什麼？讓妳覺得不融洽。

SS ：我發現我心裡很清楚自己想要去哪兒。

Eva ：嗯，妳心中有妳想去的地方。

SS ：對，我有自己想去的地方。雖然我是臨時決定去的，

　　　　然後我有個朋友在那邊，當我說我想去那個地方，先
　　　生跟小孩都不願意去。這時我發現我有一個變化，以
　　　前我會妥協自己的想法，不去就算了，我會委屈自己。

Eva ：嗯，妳會自我放棄的跟隨他們。

SS 　：對，以前我會順從他們。但是這一次我感覺內心很清晰，
　　　我要去我想去的地方，即使你們不去，即使我很疲憊，
　　　要趕很早的公車，我也一定要去。

Eva ：嗯，了解。

SS 　：這是我注意到的一個……

Eva ：妳的變化……

SS 　：對，我有變化。還有我跟朋友在一起時，朋友邀我去
　　　她家裡喝茶，當我邀請我先生和小孩加入時，我先生
　　　說他要在酒店裡陪小孩就不參與了，但我覺得也沒什
　　　麼不好。然後我跟朋友聊得很開心，聊到彼此的心靈
　　　深處，那種深度是我跟先生交談無法達到的，感覺差
　　　距非常大。

Eva ：我了解，這是妳在親密關係中溝通的感受。

SS 　：是的。

Eva ：那麼他為什麼也想去西藏？你們是怎麼溝通一起去西
　　　藏的？

SS 　：其實沒有溝通。他想去就去了，他做好了所有的安排。
　　　然後，小朋友向我表達願望，希望我也能去。一開始

　　　　我並不在他的計畫當中，之後我跟他說了孩子希望我
　　　　一起去。我有意識到，其實是我想去，只是我用孩子
　　　　當藉口。

Eva：所以妳平常在生活中並不能如實的表達自己的需求。

SS　：是的。

Eva：當妳發現其實妳是希望一起去的，但是妳跟先生並沒
　　　有討論是不是全家一起去西藏。

SS　：沒有，我們之間不太交流。

Eva：所以你們通常是他做他的計畫，你做你的計畫，很少
　　　溝通。

SS　：是的，已經有一段時間了。

Eva：一段時間是指多久了？

SS　：我感覺是一個漸行漸遠的過程，這種狀態已持續大半
　　　年了。

Eva：上次妳和我說你們的關係有十年了。妳是怎麼看這十
　　　年的變化？這十年你們是處在什麼樣的關係狀態呢？

SS　：這十年的關係狀態，我覺得可以說是「失聯」的狀態。

Eva：失聯?!

SS　：我指的是內心失聯的那種狀態。

Eva：嗯，就像妳說的，你們不討論事情，也不交流心情。

SS　：對。

Eva：你們曾經有連結嗎？從認識到結婚，在交往的過程中，

　　　　　你們有充分的連結、很好的交流嗎？

SS　：結婚前還算可以。婚後有一段時間也還行。但是，好像都挺短暫的。

Eva　：那是什麼在改變呢？你們有發生什麼問題嗎？

SS　：我此刻能連結到的是，我很想做自己。

Eva　：妳想做自己，成了你們之間的問題嗎？

SS　：當我的軌道偏離了他認為正確的軌道時，他會極力反對，我感受不到任何支持，這個時候我們就失聯了。

Eva　：就是說你們結婚不久，然後你想做一些事情，但你先生不認同，那他會怎樣呢？

SS　：他會用各種批判、嘲諷、貶低、來打擊我……

Eva　：喔，他的言語表達……

SS　：對，他的用詞很刻薄。

Eva　：妳聽了很不舒服。

SS　：對，我感覺很不舒服。

Eva　：所以你們的關係改變，是從妳想要做什麼，而他的想法跟妳很不同開始的？

SS　：對。

Eva　：在這些彼此觀點不同的過程中你們有嘗試溝通嗎？妳會怎麼表達自己？他會聆聽嗎？

SS　：我以前也是很容易衝動的人；我們通常以唇槍舌戰的辯論方式溝通，往往弄得兩敗俱傷……

Eva ：喔，所以你們兩個都很容易讓對方不舒服。

SS ：是的，我們都是陷入對事情的討論，不會回歸感受，而且各持己見，誰也不退讓。這是我現在回顧看到的。

Eva ：你們對立了這麼長的一段時間，妳曾經試過改變嗎？

SS ：也是有的，我會閉嘴不說或少說，就只是聽他說，或假裝認同他。

Eva ：這樣在關係上有變好一點嗎？

SS ：表面上會和諧一些。

Eva ：你們經過了這麼長時間的不合，妳希望今天的對話發生一個什麼樣的結果？妳想要再釐清什麼？

SS ：我覺得目前我們兩個人是屬於完全失聯的狀態。我有做過嘗試去改善溝通，但他是已經把心完全關閉了；我心裡有兩個聲音，一個聲音是「我再試試看，努力去好好聆聽和勇於溝通。」另一個聲音是說「我好像已經無能為力了。」

Eva ：努力是指什麼？

SS ：我可以努力去包容他，去支持他。

Eva ：他對妳呢？關於包容和支持……

SS ：有時候他也會有一些妥協，比如說沒有特別的反對，對他來說不反對就是支持。

Eva ：不反對……

SS ：因為其實他也管不了我。我真要做的事情他是沒有辦

法改變的。這是他的無奈。

Eva ：所以妳心裡的兩個聲音是什麼？

SS ：一個聲音就是再努力去嘗試溝通，看有沒有破冰的可能；另外一個聲音是讓我直接放棄。

Eva ：我了解，這段時間妳走向哪個聲音？從妳提出這個話題到現在也有一段時間了。

SS ：我發現我是走向第一個方向。

Eva ：所以妳有在努力，這陣子大概有多長時間？這期間你們的關係恢復得如何？建立連結感如何？

SS ：我覺得我每天都在思考這件事情。

Eva ：嗯，說說看妳都做了什麼？

SS ：我試圖再跟他建立溝通，有兩天我回來的晚，原來很想早點睡，但我想還是跟他交流一下關於孩子的事情。雖然他一直在逃避，不想溝通，我覺得還是得聊聊。

Eva ：他有什麼感受？為什麼想要逃避？

SS ：他說，他害怕跟我溝通。

Eva ：害怕溝通，他在害怕什麼？為什麼害怕呢？

SS ：他說害怕陷入爭論。

Eva ：嗯，你們談著談著就會吵起來。

SS ：對，我有跟他探討過，其實我不是在跟他爭論，我只是對他提出的觀點有另外一個視角。但是，他會把所有這些都歸結是在爭論，他說這種爭論會讓他緊張，

而且很不舒服。

Eva ：所以他盡量避免跟你溝通。

SS　：對的。

Eva ：你們兩個這樣長期不溝通，關於孩子的教育是怎麼做的？

SS　：他做他的，我做我的。

Eva ：最近你們溝通時，妳的聆聽和提問，他感覺如何？

SS　：他更緊張了。

Eva ：更緊張，妳覺得他更緊張了。

SS　：對，因為他覺得我提的一些問題對他來說是靈魂的拷問，他不喜歡這種靈魂的拷問。

Eva ：妳想要跟他建立連結，那妳怎麼看待他的感受？

SS　：我覺得他的生命狀態通常比較緊張，所以他回家了只想放鬆，不想再進行什麼思考。

Eva ：他感覺跟妳的交流很需要思考。這讓他緊張。

SS　：嗯嗯，是的。

Eva ：現在妳內心的那兩個聲音進行到哪裡？

SS　：我覺得我還不是很清晰。從好好溝通的角度來講，我知道他需要什麼。他其實只需要放鬆。但是另一方面，我又覺得有很多孩子的事情，或者說兩人共同要做的事情，不透過一定的交流很難達成共識和採取共同行動。

Eva ：為什麼你們的交流讓他不能放鬆，他說過對妳的期待嗎？

SS　：我覺得他沒有很清晰的說過，但是他在結婚初期是有

　　說過的，他希望我按照他想要的路子去發展。

Eva ：他對妳的個人期待是什麼？

SS 　：感覺目前他好像已經沒有什麼期待了。

Eva ：曾經有過嗎？

SS 　：應該是有的。

Eva ：是什麼？

SS 　：他希望我能有更多的時間跟家裡人一起做一些事情。比如說：一起去旅遊。我能夠理解他其實在創造一定的條件，讓雙方能共同去做一件事情。比如說：一些運動，希望能夠跟他一起從事他喜歡的運動。

Eva ：有沒有一個運動是他喜歡妳也喜歡的，是你們可以一起做的。

SS 　：我發現他喜歡的我都不喜歡，我喜歡的他也都不喜歡。

Eva ：現在妳內心的聲音進行到哪裡了？

SS 　：我覺得該放手了。

Eva ：妳曾經想過放手嗎？

SS 　：有，但是有牽絆。

Eva ：牽絆的是什麼？

SS 　：現在牽絆的越來越少，以前有一些安全感的問題，還有經濟來源的問題，因為我在轉型當中。現在主要的顧慮是我內心裡的坎，我是否在逃避。如果我看清自己已經完全面對，不再逃避，我覺得我就可以放手了。

Eva ：好的，妳現在安靜的看一看……看妳自己、看對方、
　　　看關係、看妳的人生。妳從內在的兩個聲音來到當下，
　　　現在看看妳內心是什麼聲音？並且和自己確認一下。
　　　妳內心的指引是什麼？清晰了嗎？

SS　 ：我覺得清晰了。

Eva ：清晰的是什麼？

SS　 ：我發現他一直在努力維持我們的關係，我也在努力維
　　　護兩個人的關係。他內心有恐懼，害怕失去，但是另
　　　一個聲音也在說強扭的瓜不甜。

Eva ：這是妳連結到他。

SS　 ：對，強扭的瓜不甜是我自己。

Eva ：妳覺得他擁有妳什麼？他怕失去的，是失去什麼？妳
　　　覺得他有擁有什麼嗎？

SS　 ：他其實也沒得到什麼。

Eva ：嗯，他沒有擁有妳什麼。

SS　 ：對，只是一段過去的時光而已，但是過去已經過去了。

Eva ：這些他都明白嗎？

SS　 ：我覺得他在漸漸明白中。

Eva ：所以妳剛才內心的清晰是什麼？妳想要的，妳渴望的，
　　　在關係上。

SS　 ：我希望大家都能成長，經過這一段經歷。我們都能更
　　　清晰的認識自己，也認識彼此的關係，認識情為何物。

Eva ：這是妳的期待。妳希望你們之間有共同的成長，更認識彼此，還有關係，還有情感。

SS ：對的。

Eva ：怎麼進行呢？這個期待妳怎麼促進發生。

SS ：我覺得可以開誠布公的去談，以前覺得談分手是一個禁區，現在可以比較輕鬆的去談這件事，不需要很費力才能面對，這樣就很輕鬆。

Eva ：妳是說妳會很輕鬆的跟他談分手。希望借著談分手，彼此能有共同的成長，都能夠學到什麼？對於情是什麼，也能有一些領悟。

SS ：我覺得他能不能成長是他的事情，我相信我會成長。

Eva ：妳想要的成長是什麼？

SS ：我覺得我明白了，是一種更深的明白。
剛才老師您問我的渴望，我覺得我想要有一份讓彼此都舒服的關係，是不執著，互相包容的關係，是不是跟他其實不重要。以前總是執著於跟他的關係要達到理想狀態，現在我要的不是執著在某個物件，而是彼此的關係而已，我不需要跟某個人非得達到十分理想的關係不可。

Eva ：我想請妳看一下此刻妳心中的畫面。我們現在要進入行動了。妳看一下妳所說的行動：妳將會去跟妳先生溝通，他會有一些緊張，但是妳準備好了，妳準備了

　　一個跟他談話的方向和重點，妳會在家等他回來，無論
他是否緊張和願意談，妳都會好好的跟他談，妳想讓他
放鬆的談，現在請妳看一下妳跟他談話的畫面。如果妳
準備好了，妳來告訴我，跟我分享，妳會跟他怎麼談？
妳的重點、妳所關心的，然後妳會怎麼和他說？

SS　：我會跟他說，走到今天，我們一起度過了很長一段歲
月，彼此陪伴了很久。目前我們都覺得這樣的關係不
太舒服，能夠改進的空間似乎也非常小。如果你覺得
我們還能夠一起改善什麼，我也很願意更深入的交流。
如果你的感受是無能為力。我們就一起看看兩人要怎
麼走下一步。

Eva　：基於你們以往的溝通都不成功，即使妳現在準備好回
去跟他好好的談，也很有可能出現平常的溝通模式。
是吧？

SS　：是的。

Eva　：所以妳有多想要釐清關係，妳就可以做出決定？

SS　：我感覺我需要請個教練，因為對我來說，重點不在於
跟他分手或不分手，重點是我從這段關係當中學到了
什麼？關於我的生命成長，我的確想要真正的搞清楚。

Eva　：是的，生命中所有發生，不是得到就是學到；真正學習
到了，對於現有的關係及未來的關係才是真正有用的。

SS　：是的。

Eva ：所以妳想要清晰的是，在這段關係裡，妳的生命成長
　　　是什麼？

SS 　：是的，即使是死，也要死的明白。

Eva ：對的，這樣才能置死地而後生。

SS 　：是的。

Eva ：好的，接下來我們進入一個短期的目標和行動，長期
　　　目標會是在妳的關係有了一個明確的方向之後。
　　　人生所有長期的發展方向都和短期的目標行動有關；
　　　關於妳的短期規畫是，妳會和妳的個人教練來共創：
　　　希望能夠陪伴你們在關係中進行有效對話和釐清。
　　　如此可以讓妳真正的清晰，關於妳在這段關係中最需
　　　要的覺察和學習是什麼？

SS 　：對的、是的。

Eva ：好了，我們談到這裡妳感覺如何？

SS 　：我覺得很輕鬆，還帶有一種清晰，這個清晰就是，知
　　　道自己下一步究竟要做什麼，而且可行性高。一切都
　　　井然有序的感覺！

Eva ：嗯，可行性高。

SS 　：對的，以前我執著在自己去解決問題，卻不知道在不
　　　知不覺中自己已成為問題本身。剛才在對話的過程中，
　　　我才看到其實放火的人確實很難去救火。（大笑）

Eva ：是的，這就是當局者迷。

SS　：對的，哪怕我將自己調整得再平靜，一旦對方不平靜，我們就會無法溝通。所以該請外力幫助時就請外力幫忙，對於如何運用支援，這也讓我有了更深刻的體驗。

Eva　：是的，先知道了自己想要去哪裡（確認目標），再確切看清自己目前的處境（了解現況），然後準備具體有效的行動方案（促進行動），並且定期尋求教練支持避免自己再次誤入當局者迷（運用支援）。

　　以上的對話中，我當時的目標在於了解現況，針對一座十年的冰山，我們要聚焦了解那些從過去到現在到未來的發生、發現、發展的路徑；然後才能對症下藥、轉識成智。

Chapter
9

第九力：促進行動

Develop Awareness Action

　　人生所有的理想若缺乏行動，都只是想法而已。

　　當一個人確認了自己的目標，也了解現況，不一定就能持續穩定的產生正確的行動。

　　很多人說，「我想成長」，可是卻不去學習，或是學習了卻沒有實踐；也有很多人說我想要實現什麼，可是他的行動，卻跟他想要的目標方向不一致。

　　有一個人在火車上來回奔跑，跑得滿頭大汗；有人問他為什麼在車上跑？為什麼不坐下來好好的休息？他說他想要努力的跑，可以早一點到站……

　　有些人的一生中的確是有許多徒勞無益的行動，所以，在確認目標、了解現況後，所要促進的行動，就是指有效的、有覺知的、清晰的、有力量的行動。

對於人生的心之所向，一定要去促進行動

促進行動是一種讓人從知道到做到的能力。

🌀 在對話中問心——促進行動實練 1

Eva ：我想跟你確認，你曾說希望自己只做一件事，你說想
　　　把申請專業認證當作是你的一種修練，這樣你會感到
　　　安心和安定，現在你有感覺到安心了嗎？

Yu　：有的。

Eva ：好的，現在我們處在心安中，再看看你想要的那種全
　　　心全意。雖然你平日的工作忙碌，但是在你的內心有
　　　一份安定，也有一種渴望，渴望能夠全心全意的聚焦，
　　　把心中這件事做好。此刻我們從這份心安，還有全心
　　　全意下，來看看接下來三天跟這一件事有關的行動是
　　　什麼？

Yu　：趕緊約，定時間。

Eva ：嗯，你想約誰？

Yu　：約教練、約客戶。

Eva ：約教練、約客戶，所以這三天你會有被教練，還有做
　　　教練是嗎？

Yu　：是的。

Eva　：如果每隔三天你都有一個心上的行動，一週有兩個三天。每隔三天你有一個行動，你感覺你的這一件事會處在什麼狀態？

Yu　：嗯，會很有進展。

Eva　：你覺得這個時間規畫對你有難度嗎？

Yu　：有點難度，我感覺稍微緊了一些。但是仔細想想，不過是一個星期兩次，三天一次的節奏，其實也沒什麼難的。

Eva　：所以你感覺是可以安排的，是嗎？

Yu　：對的。

Eva　：好的，所以我們來確認目標是每週，從現在開始，每三天你會有具體的行動，做教練和被教練。

Yu　：是。

Eva　：這樣的節奏你感覺怎麼樣？

Yu　：特別合理。

Eva　：合理、心安是嗎？

Yu　：對，本來的思路是在想一星期，現在是每三天，我覺得這樣的話，一星期的行動內容變成是肯定的，這樣就感覺週目標肯定能完成。

Eva　：太好了，肯定，肯定。這樣就沒有不安了，只有行動，行動，行動，行動，我們可以先確認到這裡。

促進行動要從心之所向出發，心動則自然行動

　　我在東方心教練、心領導力中所研發的覺知與績效輔導
PDCA^2，真正的內涵是促進有覺知的行動：

Passion	熱情、渴望、心之所向
Plan	目標（確認目標）
Do	行動（了解現況）
Clear	清晰（覺察制約、化解干擾）
Awareness	覺知
Action	覺行

　　促進行動是實現人生理想的基石，促進清晰和有覺知
的行動更是對生命的發展充滿意義和價值。

 在對話中問心——充滿覺知實練 1

下面的對話練習要與大家分享覺知對話與促進行動的關係。

Eva ：我們進行 PDCA^2 的對話，是為了能夠快速達到你的理
　　　想跟目標。今天你提到的 passion 是你想要果斷、果決、

果敢。

FF ：對。

Eva ：很好。你也提到了你的現況，你正處在猶豫狀態。因為猶豫，所以你渴望果斷、果決、果敢，我們可以不說實際的內容，就只是回到你的狀態。

FF ：我的現況是最近有些重要且難處理的事情，但我並不猶豫。

Eva ：很好，有些重要的事情，而你不猶豫，針對果斷、果決、果敢，還有不猶豫，你相關的行動是什麼？你接下來跟果斷、果決、果敢有關的行動又有哪些？

FF ：因為商務上、人生中都會遇到很複雜的事情，我覺得我可以去收集那些商業案例，這是我今天就會去做的。我會去面對我需要處理的人，以及我該做什麼決定，該怎麼處理。

Eva ：很好，給你點贊！
所以關於你的渴望，果斷、果決、果敢在行動方面，你會去增加商業案例，這是今天就會去做的。

FF ：對的。

Eva ：這些都是你今天的目標、行動、清晰；你經過了這些PDC，你清楚了自己的目標方向，以及有關的行動，你也有了清晰。接下來你的AA會是什麼？你跟覺知有關的行動是什麼？

　　　　　談到這裡你感覺我們今天這樣的對話，你是否清晰了
　　　　　什麼？另外，關於渴望和目標的行動，你覺得自己又
　　　　　清晰了些什麼呢？

FF　　：我覺得清晰的是，我正在走的這條路對我是有意義的。

Eva　：這條路指的是什麼？

FF　　：通往未來的路，就是我的三生整合。

Eva　：所以，我們清晰的是你現在在走的這條路，是通往你
　　　　　的三生整合的道路，所以是非常有意義。為了要走好
　　　　　這一條有意義的人生道路。你渴望果斷、果決、果敢，
　　　　　對嗎？

FF　　：對。

Eva　：處在果斷、果決、果敢的生命狀態。每天你會在相關
　　　　　的行動中，清晰的、穩定的走在你想要的三生道路上，
　　　　　這是今天我們的 AA。恭喜你的清晰！

FF　　：感恩，謝謝老師。

　　透過有覺知有聚焦的對話，即使問題是複雜的千絲萬
縷，我們也能清晰的理出頭緒邁步向前。

在對話中問心──充滿覺知實練 2

Eva　：你的喉嚨現在好些了嗎？

E　　：好像沒開口前覺得挺好，一開口又有一點癢，但是好
　　　　很多了，現在的嗓子已經不疼了。

Eva　：今天很高興聽你說到自己心腦的狀態，然後你想要更
　　　　加關注你的身體和能量體，這是你對生命整體整合的
　　　　passion，是嗎？

E　　：是的。

Eva　：我們的注意力現在渴望從心腦整合的狀態，延伸到身
　　　　體和能量體，就像能夠跟心腦整合一樣，有一個更全
　　　　面完整的整合，這是你的渴望跟 passion。
　　　　關於渴望生命全面的整合，為了這個 passion 你的目標
　　　　是什麼？你有制定什麼目標嗎？

E　　：好像沒有制定過在這一層面的 passion 上的目標，好像
　　　　都是在一些行動維度的小目標。我在這個目標上，只
　　　　能描述出我非常渴望的一個狀態。

Eva　：你非常渴望……因為 passion 是精神層面的期待，我們
　　　　對身體、能量體都處在長期要去關注和整合的狀態，
　　　　而 plan 是階段性的方向和行動，就像你的心腦整合，
　　　　也是一個階段一個階段逐步的發展。
　　　　此刻處在當下，如果這個渴望可以實現對身體、能量

體的關注和整合發展，你覺得可以設定一個什麼目標？

E　：我剛才有幾個點是有連結的，一個是我希望我的身形可以更加健康，更加緊致，這是表面上的，說明我來到這個話題的部分原因，在於希望提升身體肌肉的能量。然後還有一部分是我希望自己在做決策時，我的決策模式可以增加身體的感知來幫助我、支持我。

Eva：這樣就很清晰很具體。關於你做決策模式的時候跟你的身體狀態，還有你在身體肌能的外顯上有一個目標。我們從你的身體跟決策之間的關係，這個方向來看的話，定這個目標可能此刻是有一個清晰跟整合。

關於你的期待和方向從開始到現在大約是從什麼時候開始的？

E　：四天。週末的時候才開始的。

Eva：這四天來你有什麼專注聚焦的覺知、覺察，是關於這個決策和身體，還有行動。

E　：關於身體是有行動的，有在開始運動。但是在決策這部分的感受好像還沒融入這個，其實剛開始我在決策的目標上是不清晰的，所以只是做了一些刻意的覺察嘗試，沒有在決策這個環節當中進展。

Eva：了解，你是清晰的。那麼接下來你有什麼行動是為了決策跟身體而動呢？

E　：決策在下週一會有一個比較重要的場合，我們會召開

公司的戰略會議，在那個場合前可以做一些準備層面的，關於決策和方向上的整合。在現場也可以在比較用腦的決策場景中來跟自己核對，身體在那個場合當中的回應和感知狀態。

Eva ：很好的醒覺。

好，現在我們把視覺放到下週一，下週一你有一個戰略會議，你將在那個會議中聚焦在你的身、心、腦和能量，因為那個會議會需要有很多的思維跟決策，你也會用心在當下。現在如果你把能量傳到下週一，在那個現場，還有在那一群人，你的能量在整合你的決策、身體、肌肉、思維、心腦，現在感受一下，下週一，你的整合和當下有些什麼關連性？

E ：剛才老師在說這一段時，我的眼眶是濕潤的，並且身體明顯感覺到一種震動，此刻我會非常期待和渴望下週一參加這樣一個場景。我感覺當下身體給我的回應完完全全就是我的 passion，也完完全全就是我現階段生命發展當中重要的方向。

Eva ：很好，恭喜你。我們有了一個很好的 AA，是關於下週一的準備和期待，我們也有了一個當下的體驗是關於能量，能量是穿越時間和空間的，無處不在。

所以我們從當下把能量傳輸到下週一，然後在傳輸中整合了你的 passion 和 plan。如果這樣的發生持續發展，

就像你剛才的真實體驗。那麼這樣的行動也是我們可以持續的。我們可以持續的把這樣的能量傳輸到任何我們要準備的行動當中。

我覺得 PP 和 AA 是我們人生大船揚帆於茫茫人海的指南針和穩穩的舵手，生活、生命、生涯都處在心之所向的覺知與覺行，何等自由自在！

Chapter

10

第十力：運用支援

Leverage Resource and Support

　　人生中的支持者，是生命的寶藏，這是千金萬銀都買不到的。

　　生命勝任力之十，運用支援，為什麼是「支援」，而不是「資源」；支援指的是支持者、是人，而資源則是可應用的所有物資。

　　如果你碰到了緊急突發狀況，你會想找誰來幫你？誰是那個關心你又有能力迅速幫你解決問題的人？他們就是你的最佳支援。

　　人的一生中需要很多不同的支持者，無論是在生活關係、生命智慧，還是生涯發展的過程中，不同的階段就會出現不同的需求。

　　充分運用支援，代表你的生命發展是平衡的，能夠經常支持別人也能夠坦然接受他人的支持。

　　支持者不僅是你的閨蜜和好友，支持者不只是因為情

感關係而支持他人，支持者更是一種對於生命的情懷，有時候他們是無條件的支持和關懷。

運用支援，就是運用我們生命中的支持者，支持者是我們生命發展的重要關係人。

運用支援，體驗被了解、被支持的力量

人是離不開群體的，而生命就是關係，我們因為父母的親密關係而開始了生命，我們也因為自己的生命狀態而影響了各種關係。

東方人相當注重關係，卻也常受困於關係，注重人情卻總被人情所傷。

運用支援，是關係中非常正向的支持力量，更是一種發展價值的生命智慧，不傷己也不傷人，是一種己達達人的生命狀態。

運用支援，先明確自己的需求，並且坦然自在的向重要關係人表達自己的需求，進而獲得及時的支持。

所以，我們要充分運用支援，體驗被了解被支持的力量；同時也去成為他人最好的支持者。助人者人恆助之，運用支援讓我們的助人之心、正能量、生命力連綿不絕。

🌀 在對話中問心──運用支援實練

WW：我想探討生命意義。

Eva ：生命意義。

WW：是的。我最近在做一些經典的功課，但是理論的部分
　　　很多。我感覺有一些情緒比較卡。所以我試著用顏色
　　　去做調整，比如染個頭髮，或是穿著鮮豔的衣服。

Eva ：妳想調整什麼？

WW：調整我的情緒……我不知道生命的意義到底是什麼？
　　　比如說，我看到朋友離世；她的生命發展得很好，性
　　　格很開朗，但30幾歲就走了，所有的一切都歸於塵土。

Eva ：嗯，妳看到生命的無常。

WW：是的，然後，在我身上發生的是：有一些事情來了，
　　　想要擺脫它，但是其他的事情又接著進來，我覺得就
　　　是一直會有一些這樣的、那樣的事情，無邊無際，完
　　　全看不到盡頭。

Eva ：嗯，嗯，感覺很無奈。

WW：是的，所以覺得這樣的生命狀態毫無意義……

Eva ：嗯，毫無意義，情緒這樣來來去去毫無意義……

WW：對的。

Eva ：妳的生命意義跟妳的情緒是什麼關係？妳想探討生命
　　　意義，接著妳又很關注妳的情緒。所以對妳來說生命

意義和妳的情緒，妳是怎麼看待的？

WW：生命意義，就是活下去的理由吧。

Eva：生命意義對妳而言，是如何活下去。那情緒呢？

WW：情緒，我對它的理解應該是：我有一個照見，我很容
　　易掉淚，輕輕一碰就掉淚。

Eva：嗯，我了解。所以情緒對妳來說，除了淚水還有什麼？

WW：不可控制。

Eva：不可控制，情緒不可控制，有很多淚水。

WW：對，嗯……控制不了，就是一直往下掉。

Eva：嗯，妳控制不了。

WW：對於不可控制……我希望不要有太大的變化。人也好，
　　事情也好，東西也好。雖然有很多的道理都在闡述萬
　　物有變化，而這世間唯一不變的就是變化。

Eva：嗯，這些變化給妳帶來很多的情緒嗎？

WW：對的，情緒很多，非常多。

Eva：情緒非常多，妳提出生命的意義，然後談情緒，關於情
　　緒跟妳的生命，妳做過什麼了解嗎？妳有做三步覺察嗎？

WW：嗯，我沒有做很多。

Eva：所以妳對妳情緒的了解是什麼？

WW：不可控。

Eva：是的，情緒的需要是被了解而不是被控制。妳說情緒
　　已經嚴重影響到妳的生命意義。

WW：對。

Eva ：所以關於妳的情緒、妳的生命狀態；妳想了解什麼？

WW：我想知道什麼是情緒？

Eva ：什麼是情緒？嗯，什麼是情緒？

WW：焦慮、恐懼。

Eva ：嗯，妳有焦慮和恐懼。

WW：對。

Eva ：妳焦慮什麼？恐懼什麼？

WW：焦慮和恐懼的應該都是失去的。

Eva ：失去，你怕失去什麼？

WW：我不喜歡變動。

Eva ：妳害怕失去穩定，妳不想失去穩定。

WW：對。

Eva ：有哪些穩定是妳可能會失去的？

WW：嗯，舉個例子來說，比如人際關係。

Eva ：和人的關係……

WW：嗯，我從上海那樣的大城市回到鄉下，跨越的過程非
　　　常難受。

Eva ：妳面對很大的變化。

WW：但是我開始慢慢去適應這裡的關係。

Eva ：妳有了新的關係。

WW：但是，年初時有小夥伴離開了，接下來可能最近會加

入新夥伴。這些對我來說，過渡期特別困難。

Eva ：嗯，關係的變動，妳對於變動感覺困難……

WW ：是的。

Eva ：嗯，那妳感覺跟自己的關係穩定嗎？如果沒有別人，妳和自己的關係穩定嗎？

WW ：我看不見我自己。

Eva ：哦，妳看不見妳自己。

WW ：對，所以我會去尋求那些外在的，可能這裡撞一下，那裡撞一下。衝撞也好，怨懟也好，或是有些碰觸也好。

Eva ：妳說妳看不見自己，所以妳要靠外面的這些關係讓自己有感覺，這是妳對自己的發現是嗎？

WW ：對。

Eva ：妳也說妳有很多情緒，焦慮、恐懼，還有探索生命意義。這些是不是妳？焦慮、恐懼和探索是不是妳？

WW ：是的。

Eva ：所以，妳有看見自己的焦慮、恐懼，還有情緒很多，以及妳對生命意義的關注。然後妳也看到妳很重視外在的一些關係，渴望關係的穩定，是嗎？所以這些都是妳對自己的了解和看見。對於這些自我了解，對妳來說，有什麼意義嗎？關於生命意義……

WW ：但是世間不可能有穩定啊，總是一直在變化。

Eva ：既然妳說生命不可能穩定，為什麼妳要那麼在乎關係

　　的穩定？

WW：嗯，因為一旦不穩定了，這些不穩定的關係，就開始
　　變化，比如說，親密關係、夫妻關係這種不穩定的狀
　　態都預示著有可能分離，而分離會帶來消亡，我接受
　　不了消亡。

Eva：嗯，我了解。現在請妳把眼睛閉起來，我問妳一個問題，
　　在妳所有的關係裡面，妳跟自己的關係，跟妳先生的
　　關係，跟其他人的關係。如果妳想要穩定的話，妳最
　　關心哪一個關係？妳希望哪一個關係在生命意義中是
　　穩定的？

WW：自己。

Eva：好的，妳跟妳自己的關係，我們看看妳想要怎麼樣的
　　穩定？這是妳生命意義的重中之重，其他的關係不是
　　不重要，但我們今天就聚焦一個關係。妳覺得和自己
　　的關係如果穩定是怎麼樣的呢？

WW：嗯，是自由的。

Eva：自由。

WW：對，關係一定是可以看到，能感知到。

Eva：嗯，可以看得到和感知。

WW：對，我能感知到那種關係，是沒有束縛或是緊張的。

Eva：沒有束縛和緊張，好，我們來問自己的內心。先感受
　　一下這是妳的目標和心願：沒有束縛和緊張。現在，

　　妳來連結和自己的關係，從心裡看看妳和自己的關係。
　　此刻在妳心中有一個畫面——妳處在自由的狀態、妳
　　和自由心連心的建立了關係。妳看見自由，感知自
　　由……感覺一下妳和自己就是這樣的關係：我和自己
　　的關係是自由的，是沒有束縛和緊張的，我對自己是
　　有感覺的，有感知的。你確定這是你想要的關係嗎？

WW：是的，確定。

Eva：好的，確認目標——自由和感知。我們再來到「了解
　　現況」和「促進行動」，如果妳這麼想要這樣的關係，
　　它對妳的生命意義是很重要的，對嗎？

WW：對。

Eva：那麼妳可以為自己做什麼呢？這是妳和自己的關係，
　　這裡沒有別人。

WW：是的，剛剛老師在說這段話時，我發現，我要更多的
　　允許自己。

Eva：好的，允許，有一個覺知行動是叫允許。

WW：對，允許。

Eva：好的，我們可以對自己再細膩一點，關於允許自己，
　　妳會做什麼？妳允許自己做什麼？

WW：我允許自己，也允許別人。

Eva：允許別人，可以多說一點，妳允許自己跟允許別人是
　　什麼關係，可以舉個例嗎？

WW：嗯，平時我不允許小夥伴偷懶。因為我常常不允許自己放鬆下來，因此我也不允許別人放鬆。

Eva：所以妳想開始允許自己放鬆，好的！這是一個行動。因為放鬆並非偷懶！

WW：嗯，對的。

Eva：所以妳允許自己，想休息的時候休息，想做什麼的時候就放手去做，是嗎？

WW：是的，這樣太好了。（笑了）

Eva：好的，請感覺一下妳此刻的心情，這是妳和自己的關係。妳允許自己自由，想做什麼的時候就去做，不想做的時候就不做，這個生命狀態妳覺得有意義嗎？是妳要去發展的嗎？

WW：是的，是的。

Eva：嗯，妳很確定。此刻妳的感覺如何？這樣的生命有意義嗎？妳對於和自己的關係，生命意義的感覺是什麼？

WW：感覺很有寬度。

Eva：好的，很有寬度。妳覺得在做自己的過程中是否需要支援和資源？妳可以一直允許自己自由嗎？自由的做自己想做或不想做的？

WW：我覺得需要，因為更多的時候，我很在意外人的看法和說法。

Eva：嗯，妳很在意別人的看法和說法。

WW：我覺得我需要輸血，自我造血的部分還很弱。

Eva：妳會尋找什麼支援？

WW：以前我一直找的是我先生，但是這些年下來，我太依賴他，使得我慢慢的失去了生命力……

Eva：嗯，這是另外一個問題，運用支援是支持妳更能活出生命力，而不是失去生命力，對嗎？

WW：對。

Eva：所以妳會找誰支持妳？誰可以持續的支持妳、了解妳，支持妳做自己？

WW：沒有人。

Eva：妳有自己的教練嗎？

WW：有。

Eva：妳覺得她可以嗎？

WW：嗯，可以。

Eva：那麼妳會怎麼找她？行動會是什麼？

WW：嗯，因為我們在不同的城市，可以在線上約時間被教練。

WW：其實這兩天一直有在約。

Eva：這兩天，嗯，挺好的。當妳開始的時候，妳把今天我們所談的這個目標和成果與她分享好嗎？當她更了解妳，她將更能支持妳。

WW：好的，我和教練是沒有秘密的。

Eva：太好了，我們一起為生命意義加油！！

運用支援，讓個人的生命發展獲得力量和能量，是生命影響生命的智慧流動。

運用支援對組織生態發展的重要性

個人和組織的關係，是生態發展中最重要的相互依賴的關係。

我們每個人從出生就開始有了組織，在每個家庭中有著不同的角色，當你一出生立即有了你這一生中不可替換的角色。

個人需要依賴組織得以存活，組織需要依賴個人得以發展。個人運用著組織的支援，組織也運用著個人的支持。漸漸的個人與組織的關係從相互依賴逐漸轉為互相信賴。這是一個重要且成熟的生態發展。

所以，在組織生態發展的過程中，個人的目標和組織的目標合一、個人的願景和組織的願景合一，組織運用個人作為支援，個人運用組織作為支援，使個人的生命生涯發展和組織生態的發展也合而為一。這樣，個人和組織的生命力發展就可以合一。

通常在組織內產生的分離、分裂、各自為政都是個人生命狀態的問題，這些個人他們不認同組織的目標，也缺

少了解自己真正的目標；組織也不關注個人的生命成長目標和需求……這樣的狀態下，不論個人或組織都會妨礙發展，無法形成個人和組織的需求、發展、目標、願景。

關於個人生命與組織生態的需求：每個人都渴望自我發展、自我實現，每個組織如果能讓每個人在這個組織中得到自我發展和自我實現；這樣的個人和組織就是幸福的、永續的生命力！

運用支援，是第十個生命勝任力，適用於發展個人生命與組織生命，人人在發展過程中都需要很多的支持者，每個人也很需要去成為他人生命發展的支持者。願這個世界因為人人互相支持而更美好和幸福。

問心：

在你心中，你理想的組織長什麼樣子？

你渴望自己的生命狀態再活出來的是什麼？

你想要發展的生命力量是什麼？

如果你渴望深入聆聽自己內心的對話，請善用周邊的「運用支援」。

〈學員分享〉

生命勝任力，助力 50 後人生更自在美好──向華蘭

我是從 2017 年起跟隨 Eva 老師學習東方心教練。當年剛好 50 歲，也正遇到生涯方面的挑戰。

這五年的學習和生命體驗，生命十大勝任力在我身上慢慢長出來，我對生命、生活、生涯都有了清晰。

我開始明白生命的意義不僅僅包含創造，還有著體驗、感知；人生除了工作，還有其他的角色和任務，更領悟到所有外在的發生都根植於內在。我越來越清晰自己的生命與他人、與世界的關係，生命狀態的穩定、平和、喜悅才是自己終極追求的目標。這已經不是書上的道理，而是我活出來的體驗。

過去我將所有的時間精力都投在工作上，現在我開始體驗生活中的舒暢，把家布置成自己喜歡的模樣，買了喜歡的茶具，泡上愛喝的茶，看著桂花一年開好多次，看到銀杏葉一片一片飄落下來，在陽光中泛著金光……這些美好的體驗，讓我內心充滿快樂和喜悅。

我和女兒的關係、先生的關係來到前所未有的融洽。先生說，我能感受到在家裡的幸福；有一天我和女兒做了

一個教練式溝通後，她說：「媽媽妳是我最好的朋友，我不知道妳具體的發生，但是看得到妳有更多燦爛的笑聲，家裡的能量其樂融融。」

生命的十大勝任力，也是專業教練的勝任力。我喜歡通過和人對話，看到對方的醒覺、清晰和對生命目標追求的實現。50 歲以後的心生涯一步步向前行，我從認證心教練到認證導師，生涯發展可以做的事情越來越寬廣。

生命的十大勝任力，非常助力你三生的整合。願每一個生命，都活出自己的自在和美好。

紅塵中，我找到了一條回家的路──艾靜

「生命勝任力」！生命很浩瀚，需要很多勝任力去支援它的發展。在眾多的勝任力中究竟選擇哪些呢？ 在恩師這裡，在心教練的三練（訓練、教練、修練）體系中，我找到了屬於自己的答案。

作為一名心教練的學習者，最初從字面上理解它感覺觸手可得。但在真正實際操作時，彷彿和它隔著銀河般的遙遠距離。這中間有很多的自以為是、迷惘困惑、力不從心……從知道文字到第一次真正意義的做到，這中間我經歷了一年半。

最初的「知道」是頭腦裡的知道（認知）。在迷迷糊糊、跌跌撞撞做了一段時間之後，突然某一時刻心頭一亮的明白（良知）。明白之後再繼續做，內心狀態會逐漸清晰篤定，外在成果也日趨顯著卓越。

每個能力從 1 分到 100 分有很多的次第和境界。它不僅是訓練學習的內容，也是教練運用的功夫，更是修練生命的真諦。在持續做的過程中，借由教練狀態的不斷提升，我的生命狀態也隨之發生了意想不到的轉化。而這也是我生命蛻變重生的一年半。

我的老師用自己 40 年的生命智慧聚焦提煉出最精髓的十個能力，正所謂一法通，萬法通。在我的眼前，她先把這十個能力淋漓盡致的活出來、做出來、教出來了。作為學生，也將秉持著不急、不停、不怕的心態繼續走在這條自覺覺他，己達達人的路上。

感恩老師，感恩每一個遇見！！！

處在當下，建立同在──魏奕

40 歲以後，我發現越來越常需要面對親人的老、病，乃至死亡。經歷這些人生的變化時，就像一個人在異鄉走夜路，每一步都是陌生和心驚膽戰。雖然一直聽到、看到

別人的經驗，輪到自己時，終究得獨自面對、冷暖自知。

在這些過程中，我不止一次感恩「處在當下」和「建立同在」的生命勝任力修練。

當半夜坐在重症監護室外，等待公公腦溢血度過危險期時；當一生聰敏過人的外婆把剛吃過的藥又吃一遍，完全不記得時；當同齡的好友告訴我她檢查出癌症時……這些時刻我們通常什麼也做不了，唯有處在當下、建立同在，全然的投入那個時點，不分析、不批判、暫停一切的自作聰明與無所不能……然後，生命以真相示人：沒有問題，唯有恩典。

外婆在去世前的一年，記憶力越來越不好，一小時之內會五、六次問我：「吃橘子呀！」然後我張嘴吃下一片她新剝開的橘子。

有一次，她突然指著報紙上一雙紅色的古馳男士高爾夫球鞋說：「我就要這雙，其他的都不好看。」

我伸過頭去跟她一同觀賞：「好看！哇，還是名牌。」

外婆說：「名牌啊！名牌很貴喔！1000元？2000元？再貴我也要買！」

那天下午，我跟外婆在報紙上選購名牌鞋，開心得笑了又笑了。

每次回憶起那些時刻，我們過得如此圓滿和真切，我

已了無遺憾，覺得人生很過癮。

40 歲以後，我終於明白，不管人生經歷的是什麼，真正要緊的、算數的，只有我們在，還是不在，只有這一種時時刻刻的真實生活和生命真諦。

發展生命的勝任力，活出真實的自己——歐陽彥琨

人本心理學之父，卡爾・羅傑斯說：「一個人終極一生的目標，就是活出真實的自己。」我覺得 Eva 老師是中國的羅傑斯。她用活出真實的自己作教學。她的生命狀態是我們大家的心之所向。

如果你也有過這樣的心願，你一定知道，活出自己真不是一件容易的事。環顧四周，很多人都苦於不能活出真實的自我。

如何才能活出自己？

我的真實經驗是——要活出真實的自己，我們不只需要學習，更需要發展，才能活出生命的勝任力。

在心教練學習的第一天，Eva 老師說：「心教練的十大核心能力，就是生命的勝任力。」我聽到這句話，有一種醍醐灌頂的感覺。細細回顧一遍這十大核心能力，一個一個與自己的生命進行對照和連結，心中不禁驚呼連連：

「原來如此！真的是這樣啊！」

　　在後面更多的學習、練習、應用的過程中，越來越驗證到這十個生命勝任力，對一個人的生命發展，極具指導和支持的意義。

　　我發現，沒有什麼，比處在當下，更能活出真實的自己了。大多數的人，往往都活在頭腦的思維裡，不是在懊悔過去，就是在擔憂未來，總是不在當下。不在當下，就會給自己製造很多的幻象和痛苦。

　　每當我邀請自己回到當下、處在當下，感受到當下真實的存在、真實的發生，我才能夠真切的感覺自己真真實實的存在。這個真實的存在，讓我全息的打開、全然的放鬆與感知；物來則應，過去不留，心無掛礙，安心安定，活在當下，沒有痛苦，真實而自在。

〈謝詞〉
歡歡喜喜、眞的很幸福！

　　這是一本知行合一的書，每個人跟隨著自己的良知而行。每一篇內容中你除了會知道什麼是由內而外的生命力，還會看到每一個核心能力如何實踐與應用。

　　人生有些事情你可以自己做到，

　　有些事情你需要一群人一起做！

　　每次出版書，如果不是因為有一群人，我感覺樂趣和意義是很不同的。一花不是春，一樹不成林；我感恩上天總是讓我見樹又見林。

　　這本書的生成，特別感謝魏奕、艾靜、華蘭、鄭娟、紅燁的文字整理；今年我們的意義就是從個人的生命力來到組織的生命力。還要謝謝風華每天對我的悉心照料，讓我完全心無旁騖聚精會神的寫稿，這段過程真的很幸福。

　　再來要感謝小良的慧眼，是你的直覺發現了生命勝任力的意義和價值，使得我在上海20年的生命與生涯發展的成果，歡歡喜喜的回到了台灣。更要感謝我們的才子仙女群（惟純、德芬、介偉、寶儀、芝華、欣頻），和你們在一起的時光總是那麼的豐盛和開心。

國家圖書館出版品預行編目資料

生命勝任力——東方心教練向內修練、向外實現10大基本功／
阮橞習 Eva 作. -- 初版. -- 臺北市：究竟，2021.12
　　192面；14.8×20.8 公分 --（心理系列；69）

　　ISBN 978-986-137-349-2（平裝）

　　1. 自我實現　2. 生活指導　3. 成功法

177.2　　　　　　　　　　　　　　　　　　110017652

www.booklife.com.tw　　　　　　　　reader@mail.eurasian.com.tw

心理系列 069

生命勝任力——
東方心教練向內修練、向外實現10大基本功

作　　者／阮橞習Eva
發 行 人／簡志忠
出 版 者／究竟出版社股份有限公司
地　　址／臺北市南京東路四段50號6樓之1
電　　話／（02）2579-6600 · 2579-8800 · 2570-3939
傳　　真／（02）2579-0338 · 2577-3220 · 2570-3636
總 編 輯／陳秋月
副總編輯／賴良珠
責任編輯／張雅慧
專案企畫／尉遲佩文
校　　對／張雅慧 · 賴良珠 · 阮橞習
美術編輯／林韋伶
行銷企畫／陳禹伶 · 王莉莉
印務統籌／劉鳳剛 · 高榮祥
監　　印／高榮祥
排　　版／杜易蓉
經 銷 商／叩應股份有限公司
郵撥帳號／18707239
法律顧問／圓神出版事業機構法律顧問　蕭雄淋律師
印　　刷／祥峰印刷廠
2021年12月　初版
2022年1月　2刷

定價290元　　　　ISBN 978-986-137-349-2